安徽历史名人传记丛书

庄子传

郏德强◎著

全国百佳图书出版单位

时代出版传媒股份有限公司
安徽人民出版社

图书在版编目(ＣＩＰ)数据

庄子传 / 郏德强著.—合肥：安徽人民出版社，2019.11
（安徽历史名人传记丛书）

ISBN 978－7－212－10664－5

Ⅰ.①庄… Ⅱ.①郏… Ⅲ.①庄周（约前 369－前 286）—传记
Ⅳ.①B223.5

中国版本图书馆 CIP 数据核字(2019)第 232574 号

安徽历史名人传记丛书 庄子传

郏德强 著

出 版 人：徐 敏 责任印制：董 亮
责任编辑：朱 虹 陈 蕾 周 羽 装帧设计：张诚鑫

出版发行：时代出版传媒股份有限公司 http://www.press-mart.com
　　　　　安徽人民出版社 http://www.ahpeople.com
地　　址：合肥市政务文化新区翡翠路 1118 号出版传媒广场八楼 邮编：230071
电　　话：0551－63533258　0551－63533292(传真)
印　　刷：安徽新华印刷股份有限公司

开本：710mm×1010mm　　1/16　　印张：17.5　　字数：200 千
版次：2019 年 11 月第 1 版　　2019 年 12 月第 2 次印刷

ISBN 978－7－212－10664－5　　定价：38.00 元

总　序

　　安徽是古皖国所在地,康熙六年(1667 年),清廷将原江南省一分为二,设立江苏、安徽两省。省名乃是取所辖府州中安庆、徽州两府的首字而成。安庆和徽州,在当时是省域内两大名府,一为桐城文派发祥地,一为"贾而好儒"的徽商故里,人文蔚盛,科举取士在全国均名列前茅。虽然安徽建省较晚,但这块土地上所形成的历史文化十分厚重,有"人文渊薮"之称。

　　安徽因历史原因和地形、地貌各具特色,形成淮河文化、皖江文化和徽州文化等三大文化圈。淮河跨河南、安徽、江苏三省,特殊的地理位置和人文环境,使之融合中原文化、吴楚文化形成了一种具有兼容性和过渡性特点的区域文化,孕育出了中华文化奠基人的老子、庄子、管子等先哲,以及"三曹父子"等文学艺术的巨擘。皖江区域文化源远流长,大量人类古文明遗址如繁昌"人字洞"、和县猿人、含山凌家滩遗址等分布在这一地区;另外,诞生于该地区的桐城派是清代最大的散文流派,其流布全国、影响百年。徽州文化立足于徽州特殊的自然、社会环境和经济基础与人文风俗。魏晋之后,随着中国经济、文化重心的南移,中原文化也随之南下,徽州便成为安徽文化最发达地区,也是此后我国学术文化的重镇。

　　党的十八大以来,习近平总书记在多种场合一再强调中国优秀传统文化的重要作用,在参观考察孔府、孔子研究院并同专家学者座谈时,强调构筑主流价值观和国家精神对于实现中国梦的重要战略意义,而构筑主流价值观和国家精神的重要基础,就是继承弘扬中国优秀传统文化。在漫长的历史进程中,中华民族积累了丰富的治国理政的经验和为人处世、修身养性之道,并以浓缩的形式集中体现在文学、历史、哲学等经典之中,这是领导干部执政值得借鉴的宝贵经验,也是广大干部群众和青少年读者接受传统文化熏陶的基本途径。

源远流长、底蕴深厚、丰富灿烂的安徽文化是中华文化的重要组成部分,作为文化资源丰富的大省,安徽发展潜力巨大。2016年10月18日,时任省委副书记、代省长李国英在专题听取省新闻出版广播影视工作汇报时便指出,要深入谋划、积极打造新闻出版广播影视精品工程,大力弘扬安徽红色文化、优秀历史文化和地域特色文化,并提出了建设徽文化、红色文化、遗产文化"三大出版工程"的要求。为贯彻、落实中共中央办公厅、国务院办公厅《关于实施中华优秀传统文化传承发展工程的意见》精神,进一步增强文化自觉和文化自信,激发中华优秀传统文化的生机与活力,全面提升人民群众文化素养,加快建设文化强省,2017年8月,安徽省也制定了《实施中华优秀传统文化传承发展工程的工作方案》,要求站在中华优秀传统文化的大格局下,紧紧围绕"安徽历史文化"这条主线,全面研究和梳理安徽优秀传统文化的思想精髓、核心要义、重要地位和独特风貌。这对于加强安徽优秀传统文化的深入研究、生动阐释、传承弘扬具有十分重要的历史和现实意义。

在历史文化长河中,安徽出现了一大批令人高山仰止的历史名人,涌现了一大批可歌可泣的英雄人物,他们为中华民族发展进步做出了重要贡献。以清代为例:过去默默无闻的桐城竟搅动了一个中国,奇迹般地诞生出一个主导天下文章二百年的学派,出现了戴名世、方苞、刘大櫆、姚鼐、姚莹等在全国有重大影响的人物;五四时期,安徽文化再次放射出异彩,胡适、陈独秀等引领了时代发展的潮流。创作出版"安徽历史名人传记丛书",从安徽历代名人中遴选出100位对中华民族做出重要贡献的人物,为他们树碑立传,系统地记录他们的人生轨迹与文化成就,这在安徽历史上尚属首次。

"安徽历史名人传记丛书"的出版,一方面,有利于汇聚各地专家学者参加安徽省的文化建设,适应了建设创新型文化强省的现实需求;另一方面,可从一个侧面系统呈现安徽发展脉络,展示安徽悠久、深厚、丰富的人文底蕴和文明成就,对提升安徽在全国的影响力和国际知名度具有重要意义,对提升安徽人民的文化素质、道德风尚、精神境界,进一步激发建设"五大发展"美好安徽的自豪感和自信心具有重要意义。

周晓光

2019 年 10 月

总

序

目　录

第一章　人生之初

001/一、大师出世

013/二、根基之厚

020/三、求学奋发

026/四、弃儒学道

第二章　庄周立命

035/一、学道修明

042/二、庄惠初交

052/三、游历天下

064/四、漆园为吏

第三章　虚室生白

071/一、履职尽责

078/二、看透人世

084/三、不堪为吏

089/四、心念故国

第四章　为道逍遥

094/一、拒聘相位

099/二、蔺且拜师

104/三、悠游岁月

110/四、魏王讥贫

第五章　安贫乐道

115/一、东郭子问道

121/二、道为何物

125/三、庄惠之辩

132/四、曹商骄庄

139/五、借粮度荒

第六章　逍遥养生

144/一、浑沌养生

151/二、重生保身

158/三、修心养生

168/四、乐观养生

177/五、达观全生

189/六、护生之道

第七章　为道立论

196/一、道行天下

211/二、万物齐一

220/三、无为而治

227/四、心斋、坐忘

233/五、游心之论

第八章　天德圆满

237/一、拯救赵王

243/二、妻亡之丧

258/三、天下奇书

267/四、天德渊静

第一章　人生之初

一、大师出世

公元前369年,旷世大哲庄子出生于宋国蒙邑(今安徽蒙城),名庄周。

父亲叫庄全。母亲周氏。

庄全是楚国宗室贵族,曾祖庄生一度在楚国做国师。吴起做楚相实行变法后,封君传至三世的贵族,封地一律收回。被收回封地的贵族成员,即命迁往边地垦荒,不许住在郢都。庄全作为朝中疏远的贵族后裔,即于变法颁布之日,被征往楚国北方垦荒,成为自劳自食的边地农垦的一员。

公元前381年,楚悼王薨,那些被削职为民的七十余家宗室贵族,因仇恨吴起,即约定在楚悼王丧礼时,以阳城君举手为号,一起射杀吴起。吴起遭此暗算,在如雨的豪矢射向自己时,处变不惊,大喝:"尔等叛逆!"一个箭步,扑到楚悼王尸身上。因为吴起清楚,谁若胆敢箭射楚悼王尸身,太子熊臧继位后,绝对饶不了他们。有赖于此,反应灵敏的吴起,打量闹事者不敢箭射楚悼王尸身,随机就抓了这么一根救命的稻草。岂料,作乱者们并不因吴起覆于楚悼王尸身上而停止射击。结果，吴起连同楚悼王尸身都被射成了刺猬。灵堂闹出此等大逆不道的祸乱，盛怒之下，太子熊臧继位后，先车裂扑父王尸身的吴起，之后逐一捉杀叛乱贵族，株连三族。

因自家的亲族参与灵堂叛乱，消息来得及时，庄全为避株连，从安身立命的边地连夜出逃。先是混迹于宋国都城商丘，几经辗转，来到隶属宋国的蒙邑。

蒙邑为殷商遗邦，水陆交通便利，经商遗风兹盛，大街小巷随处可见生意店铺，是商品贸易的集散地。

蒙邑南临楚境，随时可探楚地消息。几经考察，庄全决意在蒙邑落脚。他在蒙邑的蒙泽边上购置土地数十亩，栽种诸如杏、桃、李、樱桃、梨等果树。不出三年，庄全的果树园即有新鲜水果供应。因价廉物美，那些采购水果的商人总会适时而来。因庄全是荆楚人，蒙邑人就把庄全经营的果树园叫作荆园。

庄全原指望楚肃王熊臧大赦天下，不用再继续被迫滞留于异邦。可是他等了一年又一年，一直等了十年，不见楚肃王有大赦的动静，心灰意懒之际，不得不压下归楚的心愿。

因为归楚遥遥无期，在蒙邑客居的第十个年头，庄全干脆娶蒙邑周氏之女为妻，在蒙邑扎根，繁衍生子。

无独有偶，在庄全落脚蒙邑的两年后，老聃之徒子綦，由隐居的齐地泰山迁居宋国蒙邑，傍着庄全的荆园大面积购置土地，开垦园圃，专种漆树。蒙邑人不知漆树园主的姓名，因子綦是齐人，就把他种植漆树的园圃称为齐园。齐、漆音近，蒙邑人又称齐园为漆园。子綦住在蒙邑南郭，蒙邑人便称子綦为南郭子綦。

庄全每日出入荆园劳作，与子綦时有照面。照面时，两位园主免不了交流植树心得,一来二去,两人交往日厚,成了无话不谈的朋友。

在庄全看来,子綦是他交到的一位不可多得的朋友,若称其为阔友也不为过。因为子綦迁居蒙邑,虎虎生气的八个儿子跟随而来不说,还引来颜成子游等一帮弟子从师子綦。日常生活中,子綦在弟子面前,自有老师的架子。但在朋友面前,子綦随和得很,从来与人都是坦诚相待。从子綦的一帮弟子那里,庄全逐步了解到,子綦学问超凡入圣,人品也是人间一流。

交上这么一位体面的朋友,庄全内心深处无比珍视无比敬重,心里遇到什么解不开的疙瘩,或是对时事有什么疑问,就去蒙邑南郭找子綦解惑。

居家过日子,夫唱妇随,周氏温柔体贴,庄全充分感受到有了家室的温暖,一扫孤独,渐渐放开心境,不再刻意奢望返楚。特别是生下儿子庄周之后,家院里充满着来自骨肉血亲间的温馨生气。

孩子或哭或笑,在庄全眼里,那是趣味盎然,充满情调。抱孩子时,被尿湿身子,庄全不嫌骚;身上被蹭上屎,庄全不嫌臭。总而言之,只要事关孩子庄周,庄全无处不迁就,无处不张扬着父爱。

自小,庄周就是在庄全炽热的父爱与母亲的呵护中健康成长。

到了庄周会走路时,庄全时常将庄周带进荆园。

荆园里飞鸟爬虫随处可见,小庄周跌跌撞撞跑来跑去,一个人玩得特开心,不是拎着癞蛤蟆,就是捧着爬动的蚂蚁,或是掘蚯蚓捉蝈蝈,驱赶着毛毛虫之类的昆虫在树干上爬上爬下,小嘴里快活地啵啵地说着只有他自己才能听懂的话。有时候来到荆园,小庄周什么都不玩,就只是呆呆地坐在树下仰望一株果树,若问他在看什么,他会说他在听树叶叽叽喳喳地相互说话。在荆园里，小庄周最喜欢到处追蝴蝶。蝴蝶花花绿绿，五颜六色，振翅飞上飞下，忽来忽去，踪迹无定，真是可爱极了。

来荆园里玩，小庄周成天四处追鸟。鸟有斑鸠、黄雀、乌鸦、白头翁以及叫不上名字的众多好看的鸟儿。追着这些善飞的鸟儿到处跑，小庄周别提有多开心了。有一天，荆园里飞来一只蓝孔雀，迎着小庄周展翅开屏，乐得小庄周手舞足蹈，喊来劳作的父亲一同观赏。

稍稍长大一点，小庄周就敢独自离开家门去蒙泽遛步。蒙泽方阔，一眼望不到边。水边杂草丛生，树木林立。听父母说，蒙泽深水里的鱼大着呢，至于大到什么程度，父母没有说。小庄周特别想见识蒙泽里的大鱼，所以，他有事没事就往蒙泽跑。虽没看到传说中的大鱼，但渔翁从蒙泽里捕捞上来的鱼种类繁多，大的小的都有。最大的鱼，几乎赶上小庄周的个头了。蒙泽沿岸，随处可见水鸟飞动。剪尾燕最爱来凑热闹，有事没事，就唧唧叫着贴着蒙泽的水面滑翔。一次，小庄周在蒙泽水边捉蜗牛玩，看见水面荡起一层细碎的波纹，就见一条黄斑蛇斜刺里向自己奋力游来。见此情景，小庄周拔腿就跑，唯恐黄斑蛇窜上岸追咬自己。

一次次看到渔翁捕捞上那么多的鱼，小庄周就要父亲也去蒙泽给他捕鱼。父亲说："好吧，我给你逮鱼去。"就带上专门用来逮鱼的笭，去荆园旁边的浅水沟里逮鱼。小庄周说："爹，咋不去蒙泽逮鱼？"父亲说："那是宋王的御用渔场，咱又不是官家，不准逮。"又说："前年有个外地来的收棉客商，不懂这里的规矩，拿鱼竿兴冲冲地去蒙泽钓鱼，结果被巡逻的渔吏射杀在蒙泽。"听如此说，小庄周不由

庄子传

浑身抽冷,深感后怕,从此再不提让父亲去蒙泽给他逮鱼了。

一日,小庄周随父去漆园,庄全正听子綦批解天下之势,小庄周插上来问了一句:"宋王凭啥霸占蒙泽?"

两位正在谈话的大人听闻此言,不由一愣,随后,子綦眉开眼笑,对庄全说:"这孩子,小小年纪就知道操心国家大事。"

庄全摇头笑道:"小孩子家口无遮拦。"

子綦说:"童言无忌。"

说着,子綦一把将面前仰着小脸儿正认真等待回答的孩子揽在怀里,郑重地回答:"因为,'普天之下,莫非王土。'"

说罢,子綦冲庄全说:"庄家有望矣。"

听罢此言,庄全不好意思,说:"先生言之大矣。"

子綦说:"'含德之厚,比于赤子。'"说着,子綦在小庄周的脸上连亲三下。

庄全说:"先生如此喜爱周儿,莫非看出这孩子有什么异禀?"

子綦说:"周儿天分之好,已异于同龄孩子,但今后能否有所作为,还须后天努力。《老子》有言'恒德不离,复归于婴儿'。能否保守真德,是能否成就人生的根本。"

庄全说:"先生精通《归藏》《周易》,可否为周儿占上一卦,看看他今后的命运如何?"

子綦说:"《归藏》推究天命之理,不卜人运。《周易》推究人运,隐晦天命。命取动势,命向未定,卜筮再精,仍难预知今后命运。"

庄全点头称是,想起有国难归,望着儿子庄周,心中不免惆怅起来。

小庄周风日里成长着。每天三件事:吃、睡、玩。

蒙泽以北直至狼山，东长西阔，林木繁茂，麋鹿狸兔充斥其间，为御林，专供宋君狩猎。

这片宋君御林，在小庄周眼里，是那么神奇与神秘。

小手小脚长到硬实了，小庄周就像小鸟长硬了翅膀，再不满足于出入荆园了，甚至不满足于出入漆园。四岁时，受好奇心驱使，小庄周央求父亲非要带他到御林去探险不可。被小庄周缠不过，父亲只好花钱买通守林的樵夫，带小庄周去了御林。御林里树木广深，雉鸡、黄狐之类的野物随处可见。入得御林，小庄周喜欢极了。这一来，小庄周从此对御林念念不忘。再稍大一点，兴致一来，小庄周就自个儿偷进御林游逛。后来与看守御林的樵夫混熟了，樵夫见小庄周只是来玩，从不干偷猎之事，只要官家不来狩猎，他就允许小庄周随便出入御林。

小庄周爱游逛林野，也爱逛蒙邑集市。

集市上，琳琅满目的商品吸引不了小庄周，满街叫卖的特色小吃，也诱惑不住小庄周。但如果听说哪里有宰牛的，抑或听到哪里传来捆猪的嚎声，小庄周定会屁颠颠地跑去围观。小庄周尤其喜欢观看街头斗鸡比赛，喜欢观看猴子在耍猴人的指挥下，进行杂技表演。观看斗鸡的次数多了，小庄周渐渐能够判断出什么样的鸡，上了斗场能越战越勇，威风八面，斗败群雄。

常听父亲与南郭子綦纵议时事，小庄周听得出各国诸侯明争暗斗，年年互伐乱战，没有消停的时候。公元前 365 年，魏惠侯伐宋，五岁的小庄周随家人四处躲藏避难，颠沛流离，亲身体验到战争的危害。战争平息之后，重返家园，小庄周不无痛恨地询问庄全："魏国凭啥攻打宋国？"

庄全难以说清原委,就带小庄周去请教子綦。

子綦说:"这是宋国相国戴欢专权叛魏亲楚惹来的祸端。"说了这么一句之后,子綦以实向来求教的爷俩进行了一番详细解说。

宋桓公十二岁时即位,母后摄政,戴欢相宋。宋国作为殷商遗邦,国力难敌环伺在侧的那些势力强大的诸侯国,为自保,因此竭力避免卷入诸侯乱战。为避免被侵略征伐,宋国就采取谁强就投靠谁的策略。春秋中期以后,晋、楚争霸天下,晋胜,所以宋国就投靠作为霸主的晋国中的魏国。韩、赵、魏三家分晋以后,处于优势的魏国与楚国争霸天下,魏败楚胜之后,宋国叛魏亲楚。麻烦始于宋国相国戴欢独断专行支持魏缓争位。事情是这样的:魏国国君魏武侯去世,由于魏武侯在位时没有立太子,魏武侯的两个儿子魏罃与魏缓相互争夺君位,专权的戴欢自作主张,唆使大夫公孙顷游说赵、韩,支持公子缓争位,但魏罃最终争位成功,痛恨宋国在自己争位时从中作梗,加上不满于宋国叛魏亲楚,待国势稍稳,坐稳了魏国君位的魏罃即命相国公叔痤率领魏军征伐宋国。魏军自宋撤兵,是权臣戴剔成向宋王建议诛杀公孙顷,然后遣使至魏,提上公孙顷的首级向魏惠侯谢罪,才得以化险为夷。

听了魏国伐宋的前因后果,小庄周多少明白了一些宋国王朝中的阴谋与权斗。只见他小脸儿涨红,愤愤不平地说:"公孙顷做了替罪羊!"

子綦、庄全听了,无不惊讶小庄周的判断力。

小庄周正庆幸用公孙颀一人的首级换来宋国平安，子綦忽而叹息说："如果墨子在世，魏国必定不敢伐宋。"

"墨子是谁？"小庄周问。

子綦说："墨子是宋国人，是他创立了墨家学说，这是位倍受世人尊敬的大贤哲。正是他，凭一己之力，成功制止楚惠王伐宋。"

小庄周不觉蹙起眉头，心想，宋国真是个倒霉蛋，动不动就有人想征伐它。于是，便闹着要听墨子止楚伐宋的故事。

子綦少不得为小庄周开讲——

八十年前，楚与晋争霸，宋国亲晋敌楚。楚国决定攻打宋国，就花重金请来鲁国大匠公输班，建造攻打宋城的云梯。

在齐国的墨子，听到这一消息，立即出发，步行十天十夜才到楚国国都郢，拜见公输班。

公输班说："您将对我有什么吩咐呢？"

墨子说："北方有一个欺侮我的人，愿借助你杀了他。"

公输班面露不悦。

墨子说："我愿意献给你十镒黄金。"

公输班说："我奉行义，决不杀人。"

墨子站起来，再一次对公输班行了拜礼，说："请你说说这义。我在北方听说你造云梯，将用它攻打宋国。宋国有什么罪呢？楚国有多余的土地，人口却不足。现在牺牲不足的人口，掠夺有余的土地，不能认为是智慧。宋国没有罪却攻打它，不能说是仁。知道这些，不去争辩，不能称作忠。争辩却没有结果，不能算是强。你奉行义，不去杀那一个人,却去杀害众多的百姓,不可说是明智之辈。"

公输班被墨子的话说服了。

墨子又问他:"那么,为什么不取消进攻宋国这件事呢?"

公输班说:"不能。我已经对楚王说了。"

墨子说:"为什么不向楚王引见我呢?"

公输班说:"行。"

墨子晋见楚惠王,说:"现在这里有一个人,舍弃他的华丽的丝织品,邻居有一件粗布短衣,却打算去偷;舍弃他的美食佳肴,邻居只有糟糠,却打算去偷。这是怎么样的一个人呢?"

楚王回答说:"这人一定患了偷窃病。"

墨子说:"楚国的地方,方圆五千里;宋国的地方,方圆五百里,这就像彩车与破车相比。楚国有云梦大泽,犀、兕、麋鹿充满其中,长江、汉水中的鱼、鳖、鼋、鼍不计其数;宋国却连野鸡、兔子、狐狸都没有,这就像美食佳肴与糟糠相比。楚国有巨松、梓树、楠、樟等名贵木材;宋国连棵大树都没有,这就像华丽的丝织品与粗布短衣相比。从这三方面看,我认为楚国进攻宋国,与有偷窃病的人是同一种类型。我认为大王您如果这样做,一定会伤害了道义,却不能占有宋国。"

楚王说:"好啊!即使这么说,公输班已经给我造了云梯,一定要攻取宋国。"

墨子说:"大王伐宋,与义相违,虽有云梯,不见得就能取胜。"

于是使人叫来公输班，说："墨翟先生不服，你布阵让他破，让他输个心服口服。"

墨子解下腰带，围作一座城的样子，用小木片作为守备的器械。公输班九次陈设攻城用的机巧多变的器械，墨子九次抵拒了他的进攻。公输班攻战用的器械用尽了，墨子的守御战术还有余。

大窘之下，公输班却说："我知道用什么办法对付你了，但我不说。"

墨子说："我知道你的歪招。"

楚惠王问："你俩打什么哑谜？"

墨子说："公输先生的意思，不过是杀了我。杀了我，宋国没有人能防守了，就可以进攻。但是，我的弟子禽滑厘率领宋地墨者，已经手持我守御用的器械，在宋国的都城上等待楚国侵略军呢。即使杀了我，守御的人却是杀不尽的。"

楚惠王对付不了墨子，只好放弃伐宋。

听了这一篇故事，小庄周对墨子肃然起敬，无比钦佩地说："做人当如墨子！"

子綦与庄全向小庄周投来赞许的目光。

子綦对小庄周说："故事还没有讲完呢，后面的故事却不好听了。"

小庄周央求子綦把故事讲完。

墨子从楚国归来,回到宋国国都,正下着大雨,墨子想在城门里面躲雨,城门小吏就撵开墨子关上城门,不让墨子躲雨。

小庄周咬起嘴唇,显然恼了,气呼呼地问:"为什么不让避雨?真是岂有此理!"

子綦说:"因为守城小吏没有看见墨子冒着生命危险奔楚救宋,这就好比,俗人不能防止一块禾苗生害虫,却肯致力于用各种方法治害虫;圣人能够防止一畦禾苗生害虫,无须投入什么人力去治害虫。你说说,面对这种情况,众人是感谢俗人,还是感谢圣人?"

小庄周说:"众人感谢俗人,因为俗人的付出众人看得分明;圣人功劳再大,却如没有发生一样,众人是不信圣人的。"

子綦夸奖说:"好小子,很多大人都不及你懂事!"

一日,魏人显贵杨朱来蒙邑南郭拜访子綦,带着随从车队神气活现,派头十足。见杨朱如此张扬,子綦虽对远道而来的杨朱以礼相待,但觉得杨朱不过是徒有其名,只在场面上虚应而已。

杨朱走后,庄全带着庄周去见子綦。只见子綦靠着几案而坐,神情若有所失,庄全从没见子綦如此没精打采,就问子綦怎么啦?

子綦长吁短叹,沉默良久,摇头说:"如此骄矜自得,还敢称学于庚桑楚,真是有辱师门!"

庄全明知子綦是生杨朱的气,听明白是杨朱登门显摆排场惹恼了子綦。

庄全就向子綦说:"世人无不喜欢被人视为显贵,先生为何避之唯恐不及?"

子綦说:"显荣示贵,炫耀人前,何其浮浅!老子有言:'知其雄,守其雌，为天下溪；知其白，守其黑，为天下式；知其荣，守其辱，为天下谷。'［深知本性雄强，却守持雌柔，（将成为）天下所归的沟溪。深知本性洁白，却守持混沌昏黑的态势，（将成为）天下的范式。深知身份荣耀，却安守卑辱的位置，（将成为）天下归附的川谷。］故'贵以贱为本，高以下为基。'看到江海了吗？'江海所以能为百谷王者，以其善下之，故能为百谷王'。"

返回的路上，庄周问庄全："连杨朱都瞧不上，南郭子綦是个怎样的人呢？"

庄全回答："真人。"

庄全由不得向庄周讲起南郭子綦的逸闻趣事。

齐人子綦，师从文子习成老聃之学，以传承伏羲泰道为己任。盛名之下，因不满田侯和篡权僭越姜齐，子綦奔泰山隐居。田侯和篡权以后，知子綦贤，欲聘为国师。遣使携重金去泰山迎子綦，子綦拒见。换了一个遣使再去，同样得不到子綦接见。于是田侯和执礼亲往泰山。子綦不愿惹火烧身，只好接见田侯和。尽管田侯和恭恭敬敬地以师礼叩拜，子綦到底不为所动。

无功而返，田侯和闷闷不乐，群臣竟接二连三表示祝贺。

面对群臣的祝贺，田侯和哭笑不得："寡人请不来子綦，你们反倒连连称贺，为什么呢？"

群臣说："主公有所不知，在您之前，多少诸侯亲往泰山重金聘请子綦，没有不吃闭门羹的，只有主公您，得到子綦接见。这是一份多大的殊荣啊！主公礼贤下士，爱才之名必将远播，是以为贺！"

田侯和没想到请不动子綦也能留美名，乐道："子綦乃国有之宝，寡人一定要把他从泰山亲迎回来。"

田侯和不请回子綦，誓不罢休。

无奈之下，为避田侯和，子綦离开了泰山，迁居宋国蒙邑。

"子綦携家人、弟子落脚蒙邑后不久，田侯和就死掉了。"庄全说，"子綦弟子问子綦是否重返齐国，子綦说：'田侯和死了，但继任国君是他儿子，田氏在齐篡权已定，此齐非彼齐，吾对齐已不抱希望，唯愿能在蒙邑终老一生。'"

听了这么一篇子綦的故事，庄周如沐春风，在内心深处对子綦崇敬有加。

"我不要南伯子綦走！"庄周冲庄全嚷道。

二、根基之厚

一日，庄周正在荆园里游玩，倏忽间，耳畔飘来丝丝缕缕的音乐，听上去挺忧伤的。及至发出音乐的地方，只见父亲嘴唇含着一片鲜嫩的树叶在吹曲调。

庄周问父亲吹的是什么曲调。

"楚音。"庄全回答说。

"楚音？咋像哭呢？"庄周问。

"有国难归，我什么时候才能带你和你娘回老家呢？"庄全满脸惆怅。

"我们不是宋国的吗?"说着,庄周想起什么似的,冲庄全说:"没想起来问你,你说话的口音,咋跟蒙邑当地人不一样?"

"咱是楚国人呀,自小发的就是楚音。"

这一天,在荆园里,庄全有心向儿子和盘托出家底:

> 我们老家在楚国郢都,你的高祖也就是你爹我的曾祖庄生,曾一度做楚国的国师,家势当年何等显赫。
>
> 首先,爹要告诉你,咱是楚庄王后裔。正如宋国戴氏是宋戴公后裔。
>
> 楚庄王是楚穆王之子。说起楚庄王,那是我们庄家这一门人的荣耀。因为,春秋时期,先后有五位君主称霸,其中以楚国的地域最大,人口最多,物产最丰,文化最盛。
>
> 说来令人难以置信,楚庄王登基之初,沉迷声色,荒于政事,并下令拒绝一切劝谏,违者"杀无赦"。大臣伍举冒死以隐言进谏,称楚国高地有一大鸟,栖息三年,不飞不鸣,不知是什么鸟。当时楚庄王即位已经第三年,楚庄王知道伍举在以大鸟讽喻自己,于是回答说,大鸟三年不飞,一飞冲天;三年不鸣,一鸣惊人。然而此后数月,楚庄王依然如故,仍旧以淫乐为好,大夫苏从冒死再次进谏,楚庄王终于听从劝告,奋发图治,诛杀小人,任用贤良,使得楚国国力日益强盛。
>
> 随后楚庄王奋发图强,先后任用伍举、苏从、孙叔敖、子重等卓有才能的文臣武将,整顿内政,厉行法制,百姓安居乐业,兵力日益强盛,使楚国出现一派国富兵强的景象,为以后取得霸业奠定了基础。

庄子传

由于楚庄王日后取得丰硕业绩，确应验其所言"三年不鸣，一鸣惊人"，后世称为"一鸣惊人"。

在齐国称霸时，楚国因受齐国抑制停止北进，转而向东吞并了一些小国，国力强盛。齐国衰落后，楚国便向北扩张与晋国争霸。公元前598年，楚庄王率军在郑（今河南郑州）与晋军大战，打败晋军。中原各国背晋向楚，楚庄王又成为中原霸主。

"郢都既然是咱老家，那咱干脆回去算啦。"庄周说。

"回不去的。"庄全说，"楚王不颁布特赦令，现在回去就是送死。"

庄全随后向庄周交待逃楚奔宋的经过。庄周听得明白。知晓庄家夷族之灾起于吴起，就问父亲："吴起何许人也？"

吴起是庄全所恨之人，讲吴起时，庄全添油加醋将吴起丑化了一通。

听到底，庄周总结说："吴起疏远公族，我看未必是居心不良，不然楚王不会以国相托。"

庄全无言以对。

明白自己身世的由来，庄周对郢都充满美好的期待，无时不盼望返回郢都。

说到吴起，儿子庄周撇开私仇，存公平之心，还吴起清白，让庄全感觉庄周明辨是非。于是，他便将心底压了很久的一桩事，告诉了庄周，希望庄周替他拿个主意。

是庄全心里对尊敬的子綦抱愧。

不是庄全做了什么愧对子綦的事，是曾祖庄生做下的事，让他在心里始终觉得对不住子綦。事情缘于子綦是范蠡的再传弟子。

事情是这样的——

庄生年轻时与范蠡交好。后来范蠡为施展自身雄才，离楚至越，辅佐越王勾践，助越灭吴后，洞悉越王勾践秉性的范蠡，尽弃在越功名，先是隐居齐国海滨，经商暴富暴露了身份，齐王聘其为相。勘破官场险恶的范蠡，再次隐姓埋名藏迹天下，后来隐居宋国定陶。定陶为天下商都，善做生意的范蠡，因而大富，人称陶朱公。

这一年，范蠡的二子自宋返楚祭祖，在楚路见不平拔刀相助，结果误伤了人命，被缉拿归案，论刑当斩。

范蠡不愿二子就此丧生，就命幼子携带千金，至楚救兄。长子范大坚请往楚救弟，范蠡不允，范大竟以死相求，范蠡妻怕长子会为此想不开而干出什么傻事来，就劝通范蠡，让范大到楚国找故交庄生（时任楚国国师）活动。范大一心要救下二弟的性命，唯恐千金不够，就将平日自己的私蓄拿出一百金，一并带上前往郢都。范大请托庄生交出千金后，又以私蓄百金贿赂楚惠王近臣，自认为如此可以确保万无一失。

受范蠡之托，重情重义的庄生，不想让范蠡失望，就以星象犯楚为由入宫晋见楚惠王，楚惠王问免灾之法，庄生说："唯有推行仁政。"楚惠王点头称是，准备大赦天下，即刻下令封存三钱之府。

收受了范大贿赂的近臣，正愁不知如何找楚惠王替范大说情，听到下令封存三钱之府，喜出望外，就向范大通

庄子传

报，吹嘘说自己已在楚惠王面前把事情办妥了。范大将信将疑。近臣交代每当大赦之前，国君要封存三钱之府，现在楚惠王已经下令封存了三钱之府。

范大以为花百金已把二弟的事情办妥，就很自负地去见庄生，说出楚惠王即将大赦的消息。

范大对庄生取不信之态，着实令庄生恼火，就让范大取走所送来的千金。得此言，范大毫不客气取走千金。

庄生原准备把范家二子救出，即把所收千金归还，见范大如此不近人情，一恼之下，立马去晋见楚惠王，结果是，范蠡二子被诛杀之后，楚惠王才颁布大赦天下之令。

听完这一段发生在家族中的不堪往事，庄周陷入了思忖，良久之后，对父亲说："断人性命，实属不该，高祖这样做，我想他自有这样做的道理。不妨就对南伯子綦说实话，因为南伯子綦大贤，是个肯明辨是非的人。"

庄全以言照行，在儿子的陪伴下，面见子綦，为曾祖庄生向子綦谢罪。

子綦听了原委，并不介意，告诉庄全，对于二子的死，范蠡只怨范大处事犯混，并不怪罪庄生。

从此，庄全放下心理负担，不再为曾祖庄生的事纠结于子綦。

当得知是在庄周的鼓动下，庄全才有勇气来找自己为庄生澄清事实，子綦不胜感慨，郑重其事地交代庄全："庄周颖悟非凡，好好培养，日后必成大器！"

到了发蒙的年龄，庄全准备送庄周入学。

宋国既重儒又重墨，儒墨兼用。庄全拿不定主意让庄周学儒还是学墨，就去请子綦帮他决断。

子綦问庄全："你怎么就认定庄周该学儒墨的呢，而且非儒即墨?"

庄全说："在楚国，我自幼学儒，想让庄周随我所学。鉴于庄周出生于宋国，宋国乃是墨家母邦，学墨正好用得着。"

子綦惊问："这就让我奇怪了，庄生是老聃之徒，你之所学，应该与他一脉相承呀。"

庄全说："祖父所学随曾祖庄生，但不知怎么的，祖父偏认为老聃之道于世无用，就让父亲学儒，到我长到一定年龄，又让我学儒。"

子綦说："到了庄周，你是想让他继承你的衣钵，也去学儒?"

庄全说："我只担心宋国日后偏废儒学，因为宋国毕竟是墨家母邦。"

子綦问："照你这样说，万一有一天宋国弃儒废墨，岂不是学儒也不可，学墨也不可?"

庄全说："不会同时偏废吧? 因为儒墨均是当今显学。"

子綦说："听了半天，你无非是担心外境不利于所选之学，却不肯从孩子的自身实际出发。"

庄全说："我得对孩子的将来负责，孩子有可塑性。"

子綦说："这可让你说到点子上了，如要对孩子的将来负责，你就应该因循真德，不依外境，为其取安身立命之学。"

被子綦这么一说，庄全一下子对庄周入学的问题做出了决断，向子綦宣布让庄周学儒。

庄全做出这一重大决定的理由是，认为庄周是随自己寄居宋国蒙邑，并非宋人，墨出于宋，如若学墨，岂不是忘本之举?

子綦未置可否。

不日，已满七岁的庄周，遵照父命，师从蒙邑大儒长桑公子学儒。

发蒙之初，长桑公子教导庄周："儒学乃有为之学，辨荣辱，知礼仪，取仁播爱，为世积极，国用则昌，民信则健。灼灼其华，光鉴天地。是以天下学儒者多。然宋国士人，学墨为主。墨学主张有为进取，但苦极用世，久浸则过。是以墨短。儒则讲和。和者筑善，善则利，利则生，生则有，有则通，通则势，势则功，功则成。功成名就，光宗耀祖，此生无憾也。道家亦讲和，其和取天，为外和，外和而内不至，则殆矣。"

长桑公子的言论，庄周似懂非懂，放了学回家就问庄全，庄全不敢妄加评论道、墨，就带庄周去请教子綦："先生以为长桑公子之言如何？"

子綦笑道："贬墨轻道，长桑公子私心重也。老子有言：'信言不美，美言不信。'其言好争，真德外荡。外荡则泄，泄则亏，亏则损，损之又损，德蔽和隐也。"

顿了顿，子綦继续说："德蔽和隐，则机巧用心至。此乃圣人不为也。"

"长桑夫子授人机巧！"庄周拍手叫道。

子綦说："机巧取拙可也。"

庄全说："照先生的话说，儒学流于用术，失于浅薄。在我看来，长桑公子的言论乃取积极之态，主张人当自强。儒书《易传》有言：'天行健，君子以自强不息。'倘若人不奋争，怎能自强不息？"

子綦说："听你读这个句子，即知你是儒生，原意可不是'天，行健'。乃为'天行,健',一字之差,意义天壤。"

庄全诧异,问道:"二者有何区别?"

子綦说:"'天,行健'与第二句'君子以自强不息'都是主张有为。这只能是想当然。上天取恒势,无偏无私,指称上天行健,乃一厢情愿。不过,这倒是符合儒家的主张。读作'天行',其义为'天道之运行',天道运行是无为境界,谁也休想插手掌控。'健'之义,就是无为天道之运行极其强势。在如此强劲运行的天道面前,想有所作为的人,难道不应该积极行动吗?无以克当,唯自强不息耳!"

庄全与庄周陡提精神。

三、求学奋发

转眼间,庄周九岁了,继续师从长桑公子学儒。

去年学完《论语》,今年开读《诗经》。

每天从长桑公子处学习归来,庄周除了喜欢游玩,就是喜欢听父亲与南郭子綦等人纵论天下大事。

从大人的谈话里,庄周知晓不可一世的秦献公嬴师隰,遭遇韩国与赵国共伐,忧急而死。其后继位的是二十一岁的太子嬴渠梁,即秦孝公。

这一年,魏国迁都。从西部的安邑(今山西夏县)东迁大梁(今河南开封)。至于迁都的原因,听子綦分析,魏国迁都并不是因为虎狼之秦连年伐魏,而是因为魏惠侯想代周为王,争霸天下。庄全问子綦下此论断的根据,子綦说:"别的不说,只看大梁宫建造的规格即可一目了然。"

事实是，魏国大梁宫建造的规格，远比周王在洛阳的王宫规格高。因此，魏惠侯欲代周为王争霸天下之心昭然若揭。

宋国国都商丘距离开封近在咫尺，自魏惠侯迁都大梁，宋桓公日日犹如芒刺在背，如坐针毡。难耐之下，宋桓公欲改亲楚敌魏为亲魏敌楚，以避魏祸。通过在朝中论争，宋桓公赞成戴剔成的意见：亲楚魏伐，亲魏楚伐，首鼠两端，骑墙之下，似难避祸。但前提是，魏惠侯东迁大梁，为的是称霸中原做天下霸主，中原的强国是齐、赵、韩，这是魏国首先要扫除的中原势力。这一步做到后，魏国矛锋势必指向当今天下霸主楚国。至于宋国，魏国当然清楚宋国对其构不成威胁。在魏国没有征服各诸侯强国之前，魏国是顾不上宋国的，因此，毫无必要为此分散兵力。

戴剔成主张：以不变应万变。

宋桓公吃了定心丸，采纳戴剔成谏言，只观不动。以旁观者的身份，静待天下诸侯强国互相厮杀混战。

庄周学习《诗经》无比上心。

学到《小雅·北山》，庄周诵读之下揣摩其义，对"普天之下，莫非王土，率土之滨，莫非王臣"提出异议。

庄周向长桑公子说："'普天之下每寸土，没有不是王的地。四海之内每个人，没有不是王的臣。'我听着怎么都觉得不妥。"

长桑公子说："不妥何处？"

庄周说："我听出了霸道。"说着，庄周将此两句诗高声朗读了一遍。

长桑公子说："这不叫霸道，这叫为王所有，为王所用。"

庄周说："天下之人无不是爹妈生的，君王也是爹妈生的，为何君王尊贵,臣民必须卑贱?为何君王要随心所欲主宰一切?"

长桑公子怒喝:"小小年纪,一派胡言!君王尊贵,臣民卑贱乃自古天理!君王若不做主宰,那天下岂不乱成一锅粥了?"

受到呵斥,庄周只好将心里的疑问憋着,等回家问家父。

庄全引经据典,证明长桑公子没有胡说。

说了半天,庄周依然忧心忡忡,半信半疑。情急之下,庄全搬出老聃。

庄全说:"老子有言:'人之所畏,亦不可以不畏。'又说:'道大,天大,地大,王亦大。域中有四大,而王居其一焉。人法地,地法天,天法道,道法自然。'人人敬道、敬天、敬地,难道不应该敬王吗?"

庄周说:"我怎么听得《老子》之言前言不搭后语?前头说'王亦大''王居其一',为何后面不说'王法地',却说'人法地'?"

庄全被问住了,父子俩去向子綦求教,子綦向庄全搬出自藏的《老子》,翻到庄家父子俩争论的地方,只见书上是这么写的:"人之所畏,亦不可以不畏人。""道大,天大,地大,人亦大。域中有四大,而人居其一焉。人法地,地法天,天法道,道法自然。"自此,庄全才知自己读的《老子》是伪本。

子綦说:"'人之所畏,亦不可以不畏人。'删去一'人'字,就变成了'人人敬畏君王,我也不能不敬畏君王。'把'人亦大''人居其一'改成'王亦大''王居其一',就把老子所宣扬的人与道、天、地一样尊贵,变成了只有君王能与道、天、地一样尊贵。原文被如此篡改,真是无耻之尤!"

庄全想不明白,为何自己珍藏的《老子》是伪本。听子綦说,才明白是孔子之徒,为了鼓吹君尊臣卑的否术,反对君柔臣刚的泰道,

庄子

传

所以子夏之徒在《老子》的真本上做手脚,用以欺世,达到宣传君尊臣卑之目的。

明白真相,庄全回家就把自己珍藏的《老子》一书一把火烧掉了。

庄周将父亲烧书的事悄悄告诉南郭子綦,南郭子綦开怀大笑,夸奖庄周竟能辨出《老子》伪本的不通之处,实为异才。

庄周十岁时,在戴剔成、戴盈、戴不胜等大臣的有力推助下,专权长达二十年的戴欢,被宋桓公罢相,抄没家财,下场可悲。

新任相国戴剔成取信于民,受民拥戴。

庄周继续求学于长桑公子。今年开读的是《尚书》。

《尚书》分《虞夏书》《商书》《周书》等,庄全认为《周书》是《尚书》中的重点,要庄周必须用心学习。

母亲周氏认为,宋国乃殷商遗邦,身在宋国,当用心学习《商书》。

通读《尚书》之后,庄周汇报父母,《周书》与《商书》都是讲教训的,他不喜欢。

庄全说:"《虞夏书》里故事多,你该喜欢的。"

庄周点头承认,说:"我更喜欢父亲藏书里面的一些书。"

庄全诧异:"我咋没见你读过家里的藏书?"

庄周说:"你除了吃饭、睡觉时在家,当然见不到我在家读书啦。"

庄全说:"那些书里,哪些是你喜欢的?"

庄周说:"我最喜欢《山海经》和《齐谐》,'精卫填海''夸父追日''女娲补天'可好了,还有'嫦娥奔月''后羿射日',这些都是真的吗？"

庄全说："这些都是上古传说，信则有，不信则无。"

周氏说："有就是有，没有咋能流传下来？"

庄周说："孔子有言：'子不语怪、力、乱、神。'又言：'敬鬼神而远之。'"

庄全夫妻相视而笑，用不着担心儿子看了什么神怪之书会走火入魔，因为他自有分辨能力。

长桑公子讲授《尚书》，强调说："君主为本，臣民为末。"

庄周当面大胆指出不对："《虞夏书·五子之歌》里，大禹有言：'民可近，不可下，民惟邦本，本固邦宁。'"

长桑公子不觉皱眉："民下君上，自古之理。民无君主，犹人之无首，无首则失本。《虞夏书》不可尽信！"

庄周的疑惑，庄全解答不了，父子俩又去请教子綦。

子綦说："树有根、梢，根在下，梢在上，对吧？"

父子俩称是。

子綦说："请问，根与梢，孰为本？"

"根为本，因为树无根不活。"不等父亲张口，庄周应答道。

"聪明。"子綦嘉许说，"根即为本，末就是树梢。儒家说：'君主为本，臣民为末。'君主为本当为根，根在下，由此可知君主在下而不在上；臣民为末，末为梢，梢在上，由此可知臣民在上而不在下。显而易见，大禹之言正确，儒家'君上民下'取义大谬，实属颠倒本末！"

子綦的言论，庄全闻所未闻，莫名惊诧之下，向子綦询问老聃之道当以何为本，以何为末。

"老子明示：'贵以贱为本，高以下为基'。"子綦说，"孰贵、孰高？

君主也。君主以贱为本,万民拥戴;君主以下为基,方能江山稳固,'以贱''以下'莫不指民,指称民属本也。民即属本,不言自明,君主当属末。"

庄全说:"听先生这么一说,谁属本,谁属末,我总算弄清楚了。看来我一生所学所信的孔子之道,的确存在颠倒黑白之处。"

十一岁,庄周跟随长桑公子学习《礼》《乐》,一方面学习礼、乐书本,一方面习练礼、乐。

魏国东迁大梁称霸中原后,即图争霸天下。

该年里,审时度势,经与宋桓公权衡合计,戴剔成弃楚亲魏。

内得宋桓公宠信,外得魏惠侯支持,戴剔成在宋专权比戴欢更甚。

戴剔成专权,宋国祸事将临,宋人浑然不觉。

礼、乐掌握以后,庄周向长桑公子要求学习射、御、书、数。长桑公子不授,教导庄周说:"射、御、书、数是技,属末,只有小人才学。"

射、御、书、数不准学,庄周提出学习《商颂》之乐。

长桑公子说:"商亡于周,你我现在都为周王之民,《商颂》之乐已属亡国之音,学之不祥。"

庄周不认为学习《商颂》之乐有什么不妥,转而恳求父母为他请来乐师,教他学习《商颂》之乐。

父母所请来的乐师多才多艺,庄周跟随其学习《商颂》之乐,又学习了多门乐器。数年以后,庄周击缶、鼓瑟、吹箫、弹琴样样在行。

听从乐师建言,庄周又师从蒙邑名医学习医道。

十二岁,庄周随长桑公子学习《春秋》。

师徒就孔子的春秋笔法,又产生争论。

晋灵公被弑,《春秋》说"赵盾弑其君",《左传》则说"赵穿弑其君",庄周将这两家之言搬给长桑公子,以求证谁说得正确。

长桑公子说:"说的都对。弑君凶手为赵穿,《左传》属实写;《春秋》不提凶手赵穿而提上赵盾,显然为诛心之论,《春秋》笔法含褒贬,实属精妙笔法。"

庄周说:"亏了我读《左传》,不然,我还真以为弑杀晋灵公的就是赵盾了,像这样为行褒贬之意图而遮蔽历史真相,岂不是替真正的凶手开脱,让其逍遥法外了吗?"

长桑公子张口结舌,干瞪着庄周,心头虽恼火,但碍于师道尊严,没好意思发作。

四、弃儒学道

庄周十三岁,师从长桑公子学《周易》。

是年,受魏国邀约,相国戴剺成亲自率兵助魏伐韩。

因是助魏打援,宋民相安无事。

齐威公即位,弑杀姜齐幽公,姜齐绝祀。

秦国重用商鞅,颁行新法,励精图治。

为学好《周易》,庄周又读孔子所撰《易传》。《易传》系解析《周易》之书。

读了《周易》和《易传》,庄周看出了书中存在的诸多问题。

两书的卦象,均为法象天尊地卑,取义君尊臣卑,在推读泰、否二卦时,庄周看出破绽。否卦的卦象是上乾下坤。开宗明义,书中即表明上为尊,下为卑。乾对应天,坤对应地。上乾下坤取象于天尊地卑,对应的是君尊臣卑。然而此卦却标注为最凶之卦。泰卦的卦象是上坤下乾,乾坤易位,变成地尊天卑,推演为臣尊君卑。此卦分明标注的是最吉之卦,在《周易》和《易传》这样以君为尊的书里,吉卦、凶卦如此易位,庄周感到不可思议。

"这到底是为何呢?"庄周问长桑公子。

长桑公子沉思了许久,怎么也想不明白。

问题还没得到解答,庄周又问了一个问题。

"《易传·序卦》对《周易》六十四卦的排序理由,有的我一看就明白,有的不管我怎么看就是不明白。像'小畜在前,大畜在后'我一看就明白,而'大过在前,小过在后'我就是看不明白。"

前面的问题还没想出头绪,后面又跟来一个令人难以解答的问题,长桑公子无名火起,喝道:"圣人这样说,自有他的道理,就你疑问多!"

挨了训斥,庄周仍不肯放过疑问。回家问庄全,庄全光是眨巴眼,却回答不上来。

父子俩又去请教子綦。

子綦先夸奖庄周勤学好问脑瓜子好使,指出所提问题,不仅长桑公子回答不了,即使让周文王、孔子来面对,也是难以释疑。

听如此说,庄周不由叹息,有些泄气。

庄全看子綦气定神闲,心中就有数了,就对庄周说:"听先生怎么说。"

子綦娓娓道来:

孔子之流推崇《周易》,指称伏羲始画八卦,乃文王观天察地,深入推演才叠为六十四卦,创就煌煌《周易》。孔子撰《易传》析解《周易》，一唱一和，如此首尾呼应，如夜镶昼，灼灼其华，呼类聚徒，至于盛行天下。然通而观之，两书句句有谬，处处阴阳错乱！

岂不知，伏羲智慧超群，不仅始画八卦，而且始叠六十四卦。六十四卦的卦名、卦序、卦象、卦义全为伏羲始定。夏朝的《连山》就是伏羲六十四卦的传本，传到商朝，伏羲六十四卦尽收《归藏》一书，《连山》《归藏》传到文王手里，文王将伏羲六十四卦的卦序打乱重排。卦序重排，原来的卦义对应不上，文王就根据自己的推演重拟卦义。伏羲六十四卦的卦象、卦名，文王原样保留了下来。卦象、卦名原封不动，但卦序重排，卦义重新附会，势必造成脱节，无法进行对应，因此谬误百出。孔子未必看不出文王的错误，但他无法进行弥补，加上他一贯以君王为天下最尊，所以倾己之才，尽可能地对《周易》进行附会，美其名曰：明其德义。说到底，孔子无论怎样粉饰，他对《周易》做的，只能是零零碎碎的补缀。

"文王弄就谬误，至今流传，又无人有能力予以消除，只能眼睁睁地任其蛊惑天下。"子綦感慨地说。

"先生有《连山》《归藏》吗？能否让我一睹为快？"庄周向子綦请求说。

"《归藏》我有，《连山》我从没见过，据说周室有藏本。"子綦说。

将《归藏》取来让庄家父子观赏，子綦说："《归藏》我研究了多年，不敢说弄懂了多少，但对《周易》与《归藏》的差异，我还是大体清楚的。"

通览《归藏》，庄周眉开眼笑："书上跟先生说的一致，伏羲六十四卦乃以坤为天，乾为地。泰卦为天地正位，最吉。否卦则天地颠倒，故而最凶。"

子綦说:"《周易》《易传》里,乃乾为天,坤为地,完全颠倒伏羲六十四卦,造成阴阳易位,满篇胡说。"

庄周接话说:"对乾坤的解释,《周易》《易传》与伏羲正好相反。"

"说的对,"子綦说,"《周易》《易传》将伏羲的泰道推倒重来,竭力鼓吹天尊地卑、君尊臣卑的否术。"

当看到《归藏》里,为小过在前,大过在后,庄周拍手叫好,兴冲冲地说:"我的疑问解决了,全是周文王重排卦序,造成了大过在前,小过在后。"

看了《归藏》,一向视《周易》《易传》为正宗的庄全,请求子綦为他解释,伏羲为何以坤为天,以乾为地?

子綦说:"伏羲泰卦为上坤下乾。伏羲认为,'天地者万物之上下也',即天在上,地在下。坤行阴柔,乾行阳刚。坤柔乾刚,相交天地,则天柔地刚,取义为君柔臣刚。《周易》上乾下坤,彼上此下,乾坤易位,乃为颠倒伏羲泰卦,因此变成天尊地卑,君尊臣卑之否术。这么一种否术,横行人间,害人,害天,害地,实为大逆不道!"

说到激愤处,子綦毫不留情地痛斥儒学之伪道,这给庄家父子带来了极大的震动。

从子綦处回到家里,庄周回想自己七八年来师从长桑公子学习的情况,每每因提问题而受到训斥,不禁心灰意懒,明告父母说,自己没从长桑公子处学到什么真东西,只想转师南郭子綦。

庄全当场表示赞同,说:"我糊涂了几十年,尊孔奉儒,光阴虚掷,终致一事无成。从明年开始,你就师从子綦先生学道吧,日后也好做个明白人。"

完成年度学业,转眼即到来年,庄周不再师从长桑公子学儒,转师南郭子綦学道。同时从师南郭子綦学道的，还有位八岁儿童，名叫曹商。曹商乃曹夏之子。曹夏是蒙邑坐地户，在蒙邑经营旅店。鉴于庄周多年学儒，南郭子綦特别叮咛他："你受儒学熏陶多年，如今从我学习老聃之道，必须尽忘前学，尽抛儒门六经。"

庄周说："学儒我已不胜其烦，躲之唯恐不及。"

是年，魏惠侯组建战国百余年来首次诸侯联盟，鲁、韩、宋、卫四国共赴大梁朝拜魏惠侯。西周时期，鲁、宋、卫三国，承袭西周旧制，国君称公。魏、韩乃战国新封诸侯，国君称侯。然公朝侯颠倒尊卑，违背礼仪，鲁、宋、卫三国之国君，只得削"公"为"侯"，与魏惠侯平起平坐。

魏、鲁、韩、宋、卫于大梁结盟，盟主魏惠侯。

魏、鲁、韩、宋、卫既已结盟，魏惠侯便以盟主身份，号令五国择期共伐赵国。

被伐在即，赵国先与燕国会盟，又邀宋国共赴齐国会盟。

处于骑墙之势，宋桓侯谁也不敢得罪，答应赵国赴齐会盟。宋桓侯赴齐之前，相国戴剔成谏阻，宋桓侯不听，执意赴齐结盟。

宋桓侯与赵共赴齐国结盟的第二年，魏国伐宋，攻取黄池（宋侵韩地）。随后，魏将到手的黄池无偿转送韩国。完成转赠仪式，魏国即尽撤侵宋之兵。

惹火烧身，宋桓侯大惭，遂向戴剔成示悔，讨问今后对魏策略。

戴剔成说："他不是攻取了咱的黄池吗？重新夺回就是！"

宋桓侯闻言失色，连说万万不可。

戴剔成说："我知道，这样一来，主公担心与魏交恶。但据我看来，魏惠侯伐取黄池，意在警告主公不忠。因为魏惠侯这边攻取黄池,那边一到手就将黄池作为奖励转赠韩国。魏惠侯本可乘胜深入宋地挞伐宋国,却即刻罢兵,这充分说明魏惠侯只不过是想敲打主公。此时,若不趁势夺回黄池,等于向天下诸侯示弱,贻人口实,留下被诸侯今后随便敢来征伐的后患。"

宋桓侯满腹狐疑,无奈之下,姑且听从戴剔成建议,命戴剔成率兵实施夺取黄池之争战。

黄池夺回,魏惠侯果然没有兵临宋地。

黄池被夺,韩国发兵准备重新夺回,魏惠侯不许。

事情不出戴剔成所料,宋桓侯从此深深服膺戴剔成,对戴剔成言听计从,乐得将国事委托给戴剔成。

得宠之后,戴剔成投宋桓侯所好,在宋国大选美女,广征民夫扩建豪华行宫,专供宋桓侯养妃。

戴剔成在宋国一手遮天,宋桓侯视而不见,乐得沉溺深宫,耽于怡乐。

宋国在戴剔成的掌控下,继续亲魏,并力助魏国攻伐赵国。

庄周十五岁这年,墨家巨子田襄子在商丘死了。

曹夏早年师从田襄子,得闻田襄子噩耗,曹夏即携曹商赶赴商丘参加田襄子丧礼。

子綦虽没与田襄子有过什么交往,但田襄子一生勤勉于事,口碑良好,出于敬重,子綦携庄周同曹氏父子共赴商丘,参加田襄子丧礼。

子綦贤名远扬,一到商丘,商丘名流惠盎即携同胞弟弟惠施前来参拜。惠盎是田襄子的大弟子。惠施也是田襄子弟子。惠施年纪轻轻,即有学术建树,名播四方。

此次商丘参加田襄子丧礼，庄周初识惠施。

田襄子既死，继任巨子为秦国墨者腹黄郭。

宋国乃墨家母邦，墨家是主张传贤的，据庄周了解，惠施学墨颇负贤名，但田襄子临死之前，没把巨子之位传给惠施，庄周问曹夏原因。

曹夏说："此乃宋桓侯重用戴剔成之故。"

戴欢专权时期，主张偃兵，对外一向采取中立政策。所以在戴欢相宋期间，宋国从未与任何诸侯国动过兵。加上墨家总部又在宋国，诸侯也轻易不敢伐宋。戴剔成专权后，一味亲魏，魏好战，一有战事，戴剔成就出兵助魏。戴剔成如此助纣为虐，在田襄子看来，实为违背兼爱非攻的墨子之道。见戴剔成在宋国独揽大权，田襄子知道被戴剔成把持朝政的宋国已变成魏国爪牙，所以舍近求远，巨子相中秦国墨者腹黄郭，将墨家总部改设在秦国。

庄周十六岁时，天下纷争激烈，诸侯间相互谋攻。

庄周与颜成子游、曹商等跟南郭子綦学《归藏》，以明天地大道。

当子綦讲到《老子》与《归藏》的渊源，庄周问了一个问题。

"殷商灭亡五百年以后才有老聃，老聃缘何能得到《归藏》，且能明晓其中之奥妙？"

"老聃曾做过周朝守藏室之官（管理藏书的官员），《归藏》藏于周室，老聃唾手可得。那么老聃为何能明白《归藏》乃为一本传承伏羲泰道之书呢？"子綦说，"问题的关键就在这里，不识璧玉者当然会视而不见的，老聃深悟《归藏》缘于一位高人。"

庄周、曹商一帮学徒竖起耳朵，静待下文。

"这位高人不是别人，他就是老聃之师常枞。"

"常枞何许人也?"子綦说。

庄周、曹商等洗耳恭听。

"常枞乃宋人之后,为殷商遗民,原名商容。乃周朝时期颇负盛名的大贤哲,老聃自小师从于他。常枞看出老聃天机纯厚,尽传《归藏》其妙与之。"

说着,子綦向学徒们说起常枞将死的一则逸闻。

常枞重病将死,老聃六神无主之际,想自己今后再难投常枞这样的高师了,痛定思痛,泣问:"夫子有什么肯教诲我的吗?"

常枞费力地张开嘴巴问:"我的牙齿还在吗?"

老聃答:"掉光了。"

常枞问:"我的舌头呢?"

老聃答:"在嘴里。"

常枞问:"为何会这样?"

老聃一时没弄明白。

常枞伸出舌头来回翻卷。

老聃顿时醒悟,常枞这是在对他进行舌教。老聃:"舌头能屈能伸,柔也。我明白了:舌头因其柔弱而恒久不离;牙齿因其坚硬而尽皆亡失。"

常枞灰面开光:"天地之道,尽在其中。"

庄周说:"'天下莫柔弱于水,而攻坚强者莫之能胜,其无以易之。'这说的不就是柔弱胜刚强吗？直到今天我才明白,原来老聃所述柔弱胜刚强之理,乃得益于常枞舌教。"

子綦说："对。"

曹商皱眉而问："请问夫子，常枞的'舌教'，到底什么意思呢?"

子綦说："乃指称伏羲泰道，通过常枞的'舌教'，老聃继承了伏羲泰道。"

曹商说："舌教有悖常理，人老掉牙，古今皆然。若说柔弱胜刚强，掘墓可见只有尸骨、牙齿，却不见肉身与舌头，这该如何解释呢?"

子綦冲曹商点了点头，说："肯于动脑筋，好样的。老聃不说了么:'人之生也柔弱，其死也坚强。草木之生也柔脆，其死也枯槁。故坚强者死之徒，柔弱者生之徒。'生命没了之后，所显示的刚强能有什么意义呢? 其实，'舌教'是就生之道而言说的柔弱胜刚强的泰道，让天下奉行'天柔地刚，君柔臣刚'的《归藏》泰道，鄙弃'天尊地卑，君尊臣卑'的《周易》否术。"

曹商说："普天之下，莫不是君王独尊独大，耍横使蛮，我可没见有哪位君侯甘处人后，与民平等。"

子綦诧异道："尔言怨深，不知古之君王淳厚，安民亲人，大禹治水，三过其门而不入，晓得吗?"

曹商说："大禹虽好，不过是远古的清正气象，请看看如今这世道，真不知还能乱成什么样哩!"

子綦说："知道忧世，说明尔等尚可教化，这正是为师让你们好好学习《归藏》的道理。"

第二章　庄周立命

一、学道修明

赵被魏伐,求齐救援,齐应。齐用国师孙膑计,大败魏军,活捉魏军统帅庞涓。齐国变成中原最强之国,威震天下。齐威公趁势叛周称王,自称齐威王。

乘齐破魏,楚军趁势攻取了睢水、濊水之间的魏地。商鞅亲率秦军攻取魏国西部原来的旧都安邑。

趁着诸强与魏混战,韩国征伐东周国。

魏国南与楚战,北与赵战,东与齐战,西与秦战,四面临敌,形势岌岌可危。

眼看魏国势力急转直下,已难继续依靠,戴剔成禀明宋桓侯,宋桓侯让戴剔成决断,戴剔成当即叛魏亲齐,并应齐威王之命,与卫、赵联合出兵助齐伐魏。

危难之际,魏惠侯请求韩昭侯出兵相救。魏得韩增援,竟一举击败齐、赵、宋、卫四国联军。

齐败之后,释放庞涓,止魏休兵。

叛魏亲齐不胜反败,宋桓侯不悦,严厉责备戴剔成失算。戴剔成担心宋桓侯有变，开始暗置私党，在朝中扶持自己的势力。

十八岁的庄周，冷眼面对天下态势。

应轮扁之邀，蒙邑人匠石将带弟子去齐国为齐威王建造王宫。因匠石与子綦交好，临行前，匠石去跟子綦道别，希望能为子綦做点什么。

子綦说："我已离开齐国很久了，没什么事可劳烦你的。"

匠石带领弟子奔齐，路过齐国的曲辕，看见一棵被奉为土地神的栎树，树冠横撑，能荫蔽几千头牛。树干之粗，腰围百臂才能合围。树冠高齐山顶。树身离地面八十尺才分杈。可以造船的分枝就有十几桠。

大栎树已被当成神木，前来参拜的人多如集市。匠石忙着赶路，无心细看神木大栎树。

弟子流连树下，绕树徘徊，看得心满意足，才跑去追师傅。

他说："弟子提斧握锛跟随师傅，走过不少地方，从未见过这样好的树材。师傅不肯留步看看，只顾赶路，为什么呀？"

匠石说："那是散木，不值一提！做船容易沉，做棺很快朽，做家具会破裂，做门要溢脂液，做柱要招白蚁。这种不成材的散木，毫无用处，所以活得如此长寿。"

匠石回到客店。夜里做梦——

大栎树说："你要我向什么看齐呀？向文木看齐吗？那些楂树、梨树、橘树、柚树都是文木，能结果子，甜瓜之类不是木本，也结果子。果子熟了，就要遭受敲打，蒙受欺凌。大枝被折断，小枝被扭掉。能结佳果，大有用处，结果它们苦了一生，天年都未活满就短命了。不是世俗糟蹋它们，是它们做了佳木自己讨打。世界上的东西，因为有用处，受到讨打，比比皆是哟。我这一生，从做小树起，努力做到毫无用处，多次犯险，差一点就命丧斧锛，死于你这一类木匠之手。现今我总算做到完完全全的无用了，连你都明白我的无用了，这对我来说就是大有用处哩。如果你这一类木匠夸我有用，我能长得这样大吗？我晓得，你是人，是动物；我是树，是植物。你和我，本非同类，但是我们都是物呀。你有什么资格品评我，断定我不成材？你一个将要死的散人，怎能明白散木呢？"

匠石惊醒，与弟子参卦栎树之梦。

弟子问："它说了要做到毫无用处，为什么又冒充神木呀？"

匠石连忙摆手，禁止弟子再讲，似乎害怕大栎树听见了，悄声说："别吭声！它本来不愿意充当神木，不过是虚应罢了。它若听见你刚才的责备，会认为你不够朋友，在辱骂它。当初它若不充当神木，恐怕早已被乡民砍做烧柴了。何况它保全自身的办法，在我看来，显然与众不同。你用常理去议论它，太不沾边了吧。"

等见到轮扁，匠石请轮扁为他解释栎树之梦。

轮扁摆手说："我俗人一个，可不懂这一套。你好友子綦满肚子学问，等你在齐建成王宫，回到宋国可以请教他。"

在齐国完成差事后，匠石回到蒙邑，即向子綦求解栎树托梦之事。

子綦听匠石说了来龙去脉，乐呵呵地说："你做匠人，伐木无数，栎树之梦，实为你在心里借栎树的有用与否用心参悟世相。文木有用也好，散木无用也罢，二者都是你心里所造之器。只不过是，一个成器，一个不成器。老聃说：'朴散则为器。'文木求器之用，失朴；散木不求成器，守朴。"

匠石说："我对《老子》多少有所了解，琢磨过它的'朴散则为器'，通观全书，我看出老聃乃反对成器。但是，既然反对，为何又强调'大器晚成'呢？照这种说法，做了神木的栎树，晚些成器就好？成为大器就好？"

子綦说："你看到的是《老子》伪本！真本为'大器免成'。老聃主张守拙抱朴，怎么可能会鼓励'大器晚成'呢？"

匠石惊骇道："谁改动了《老子》原文？凭什么？"

子綦说："世用之人呗，他们想成器，更想成大器，以便投靠诸侯门下谋取官职。就这样，生生把《老子》'大器免成'里的'免'换成了'晚'。"

庄周闻之，若有所思。

曹商闻之，怀疑南伯凭己之意乱改《老子》里的文字。

曹商问："请问夫子，《老子》哪句话，主张反对成器？"

子綦说："'使有什百人之器而不用！'教导诸侯，倘使有人能超过十人、百人的才能，这个人就不可以重用他。以此类推，这个人的才能，超过的人愈多愈不堪重用。《老子》强调了'不尚贤'，然主张世用的儒学之徒，将'使有什百人之器而不用'里面的'人'字删掉，使原本所说的'不用成器之人'变成'不用成器之物'。"

子綦的话，曹商听了心里挺不是滋味。

因为心里不痛快，曹商回家就冲父亲嚷嚷："什么'大器免成'？倘若'不用成器之人'，那我读书还有何用？"

一日，曹商跟随庄周到荆园用弹弓打鸟，不经意间，曹商对庄周说：“你天天如此用功学《老子》，难不成是为了追求‘大器免成’？”

庄周说：“我用功了吗，我怎么没觉着？”

曹商说：“只要将《老子》捧上手，你可知你自己变成了啥样？”

庄周说：“啥样？”

曹商说：“呆，呆得就像木鸡。”

庄周莞尔一笑：“不至于吧。”

曹商说：“瞧你看书时的样子，眼睛直勾勾的，恨不得把《老子》书里的字统统吃掉！”

庄周说：“你真会夸张，不过，《老子》我的确很喜爱。这是我能见到的天下最好的书啦。”

曹商说：“这是我见到的天下最坏的书啦。”

庄周说：“怎么会呢，就凭你不喜欢‘大器免成’？”

曹商说：“嗯，还有‘使有什百人之器而不用’，越有才能的人越不用，这都教人什么呀？”

庄周说：“我给你打个比方吧，我问你，当今的秦国可有能人？”

曹商说：“多得是。”

庄周说：“谁最能耐？”

曹商说：“秦孝公。”

庄周说：“除了国君，还有呢？”

曹商说：“商鞅。”

庄周说：“商鞅有才能对谁有利？”

曹商说：“这还用说，当然对秦国有利啦。”

庄周说：“商鞅有才能为秦国谋划，对谁不利？”

曹商说：“当然对天下的诸侯不利啦。”

庄周说："商鞅能耐越大,是不是对诸侯越不利呀?"

曹商低头不语了。

庄周说："回头我们再看看,《老子》说'大器免成','使有什百人之器而不用',难道说得不在理、不深刻吗?"

曹商恍然醒悟道："原来《老子》说的是这个呀。"

庄周说："《老子》明心见性,乃智慧之书,字字珠玑,句句精妙,吾等该当深刻体悟,好好学吧。"

曹商不置可否地笑了笑,说："咱光顾说话啦,鸟都不知躲哪去啦。"

在荆园里玩,曹商碰见劳作的庄全,忽然想起了什么,问道："我一直想问先生,你园里只种果树,为何不种其他树木?"

庄全说："种果树好啊,年年结果子,年年能卖钱。种其他树木,就没有这个便利了。"

曹商说："先生这么说,那还是文木好,可南伯偏偏肯定散木。"

庄全说："文木有文木的好,散木有散木的好。"

曹商说："南伯说,文木一旦成材,就会面临斧斤之祸,难保真德;散木不材,无人问津,能全自然之性,永葆真德。"

庄全说："南伯学问大,说得高深,我回答不了你,有什么疑问,你当问南伯。"

曹商觉得老师说的与做的不一致,就去问子綦："既然文木不足以让人效法,那夫子家漆园里的漆树就是了不得的文木。为何你不种别的,全种用来采漆的漆树呢?"

子綦说："漆树生漆,而漆对人有用,此乃我种漆树的目的。正因种植漆园,经营漆园,我才得以在蒙邑安身立命。漆树这种文木对我如此有用,但我效法漆树的'有用'了吗?为师四处去求官谋职了吗?"

曹商说:"夫子没有。"

子綦问:"区别在哪里?"

曹商说:"夫子不做文木。"

子綦说:"谋生归谋生,做人归做人,人不能因谋生,而去做他人需要的文木。如若不然,低眉顺眼,卑躬屈膝,被人役来使去,呼来唤去的,人怎么还能够正言直行,保持自己的真性?是以圣人深究成材之害,愿就散木而不就文木,道理尽在其中。"

曹商回家,向父亲曹夏说起他与老师子綦之间关于文木的对话,添油加醋,尽说子綦教人不求进取,临了不以为然地对曹夏说:"咱这样的布衣之家,不求做文木,日后哪里还有出头之日?"

作为商人,曹夏一生受利益熏陶,觉得人活一世,不过是求富求贵。听了儿子曹商所说的一番话,曹夏感到非常失望,叹息说:"人学散木,岂不等于自甘堕落?真没想到老聃之道乃教人无用!你还小,不如趁早转学。"

曹商说:"我早不想跟南伯学道了,我就转学。"

曹夏说:"我原打算让你学墨,因南伯名声大,原以为你跟他能学到什么真东西,现在看来我失算了。"

曹商说:"儒学教人求取功名,我学儒。"

曹夏说:"随你吧,就跟长桑公子学儒吧。"

曹商转师长桑公子学儒。

曹商对庄周说:"你由长桑公子转学南伯,我反过来由南伯转学长桑公子,说明了什么?"

庄周明知故问："说明了什么？"

曹商说："说明某人愿意弃暗投明！"

庄周说："不是说我吧。"

曹商哈哈大笑，说："拉倒吧，你！"

庄周摇头叹息，说："某人没治啦，可悲哟。"

曹商说："咱走着瞧，看谁今后能出将入相！"

庄周面露鄙夷之色，不愿再与曹商废话。

二、庄惠初交

公元前 350 年，齐、楚、秦、魏继续争霸。宋国夹在诸强之间，危如累卵。宋桓侯向戴剔成问求保之策。

戴剔成说："别无他法，唯自强耳。"

宋桓侯说："何以自强？"

戴剔成说："变法可也。"

宋桓侯说："魏、楚、齐、韩、秦无不变法，如何因地制宜？"

戴剔成说："学秦，当今天下秦国变法最有成效。"

宋桓侯说："若学秦，有什么成功的经验可以借鉴呢？"

戴剔成说："黜儒重墨，这是秦国变法成功的法宝。"

宋桓侯说："好吧，寡人决定罢黜儒者，重用墨者。"

宋国儒者是戴剔成在宋专权的绊脚石，宋桓侯受自己引导，轻易做出黜儒重墨这一重大决定，戴剔成立刻奉命罢免了在宋国为官的儒者，受人仰慕的宋国大儒郑缓被削职为民，愤而自杀。郑翟学墨，受到重用。当初因听兄长郑缓的话，作为权宜之计，郑翟才学墨的,不想今日果真排上了用场。

墨者惠盎被委以重任。

戴剔成礼聘惠施,惠施坚辞不就。

惠施拒绝出仕,赢得清正之名。这一年,惠施三十一岁。

曹商去年转师学儒,不想今年宋桓侯罢黜儒者,身心备受打击。

曹商问父亲曹夏,是否转而学墨?

曹夏摇头,说:"不可。宋桓侯性情无常,今年黜儒,明年改黜墨呢,岂不是学儒也不可,学墨也不可?"

顾此失彼,曹商不敢再变。

宋桓侯黜儒重墨,尤其是郑缓自杀,对宋国士人触动非小。

庄周问子綦:"宋桓侯为何要这么做?"

子綦说:"宋桓侯这么做,乃信戴剔成之过。黜儒也好,尊墨也罢,如不从根本上施行德政,任由戴剔成施用《周易》否术,宋国必蹈歧途。"

庄周说:"有无趋吉避凶之良方?"

子綦说:"宋桓侯亲政之初,依循《归藏》泰道,从没卷入诸侯混战,所以诸侯不侵,国泰民安。如今戴剔成权倾朝野,学秦国商鞅专施小人儒,长此以往,宋国何求自保? 自保尚且无望,哪里还能谈得上自强?"

庄周说:"夫子曾说,子夏之徒多为小人儒,孔子之徒多为君子儒。"

子綦说:"孔子奉行《周易》,虽以《周易》否术为主,但也不废《归藏》泰道,以泰道为辅教化天下,在一定程度上体现出君子之风,是为君子儒。子夏辅佐诸侯,尽弃《归藏》泰道,专用《周易》否术,是为小人儒。孔子死后,孔子之徒遵循君子儒教化天下;子夏死后,子夏之徒继承子夏衣钵,专施小人儒。"

宋桓侯罢黜儒术这年,庄周二十岁。作为成丁之人,庄周平时跟子綦学道,每有空闲即帮着父亲庄全经营荆园。在这一年的秋后,庄周与惠施交上了朋友。

惠施拒聘之后,戴剔成一心谋请惠施出仕,惠施不胜其烦,干脆躲到蒙邑暂住。

来蒙邑之后,惠施常去向子綦问道。

惠施躲到蒙邑安顿下来之后,就去拜望子綦。

惠施来拜访,子綦高兴地说:"'有朋自远方来,不亦乐乎?'"隆重地向自己的家人和弟子介绍惠施。

惠施受到礼遇,态度愈加谦恭,毫不以名士自居。

惠施对子綦说:"先生道行极深,我今日特来讨教。"

子綦说:"岂敢岂敢。你的学术标新立异,新颖独到,我和弟子拜读过先生的文章。"

惠施说:"试笔而已,不足挂齿。倒是先生的贤名,令吾等高山仰止。"

子綦说:"先生之言令我汗颜,实在担当不起。今日之来,有何见教?"

惠施说:"先生乃老聃再传弟子,定有真知灼见!"

子綦说:"先生过奖。充其量,不过是有那么一点点体悟吧。"

惠施说:"《老子》开篇第一句就把我难住啦,'道可道,非常道。名可名,非常名'。我想了多年,一直不甚了了。"

子綦说:"此乃名称之辩,回头让庄周与你分辩即可。"

有了指定的解惑人，惠施拜访过子綦，回头就去找庄周。

庄周向惠施陈述道："老聃所讲之道，明明可以言说，为什么偏说'非常道'呢？推究起来，乃因当时的历史环境不利于推行泰道。你知道，西周以降，被奉为天下真道的，乃《周易》否术，《周易》否术盛行，天下执黑曰白，《归藏》泰道式微，老聃孜孜矻矻，终其一生，也没能将《归藏》泰道发扬光大，故而，老聃作《五千言》时，开篇即曰'道可道，非常道'，这是说，在以假乱真的世道面前，《归藏》泰道，无力发挥它应起的所能教化天下的作用，这是其一。其二，作为真道的《归藏》，并不能穷尽天理，在深不可测的天道面前，它犹如九牛一毛，仅仅只能显出天道之一端，并不能包罗万象涵盖天道之全部。人类即使竭力推究《归藏》泰道，也不过只能了解天道之局部，且所言只能恍惚言之，故曰'名可名，非常名'。道生万物，人类睁眼闭眼即可想见，但是道生万物的具体路径，至今恐怕没有谁能够以观其奥吧。"

"原来如此！"惠施听后豁然开朗，高兴地说："你懂的真多！今日我总算开了点窍，明白了《老子》开篇之言的来龙去脉啦。"

此后，就道学方面的问题，在不便直接请教子綦的情况下，惠施就来询问庄周。

庄周待人谦和，对惠施有问必答。庄周通常根据自己的体悟，回答惠施的提问，观点之新颖，每每能给惠施以天外之音般的惊喜。

通过学术交流，一来二去，庄周与惠施成了令天下人羡慕的契友。

一日，闲谈时，惠施想起什么似的，忽然问庄周："你这么有见识，口才又那么好，为什么不写文章呢？"

庄周说："别被我的瞎侃糊弄了，我哪会写什么文章！"

惠施郑重地说："不信你试试，你要是写文章，不精彩才怪！"

架不住惠施劝导，庄周有些心动，说："你把你作的文章拿给我看，全都拿来，我看看文章该怎么写。"

惠施乐得拿出自己所写作品的原稿，交给庄周研究怎么下笔写文章。

大约过了四十天之后，庄周把惠施带到自己的住处，捧出一摞竹简，让惠施看。

惠施逐一看去，兴奋异常。但见庄周写道——

庄子传

孔子跟柳下季是朋友，柳下季的弟弟名叫盗跖。盗跖手下有士卒九千人，横行天下，侵扰各国诸侯；穿室破门，掠夺牛马，抢劫妇女；贪财妄亲，全不顾及父母兄弟，也不祭祀祖先。他所经过的地方，大国避守城池，小国退入城堡，百姓被他弄得苦不堪言。

孔子对柳下季说："大凡做父亲的，必定能教导他的儿子，做兄长的，必定能教育他的弟弟。假如做父亲的不能教导他的儿子，做兄长的不能教育他的兄弟，那么父子、兄弟之间的亲属关系也就没有什么可贵的了。如今先生你，是当世的有才之士，然而兄弟被叫作盗跖，成为天下的祸害，而不能教育他，我私下里替先生感到羞愧。我请求替先生前去说服他。"

柳下季说："先生说：'做父亲的一定能教导他的儿子，做兄长的一定能教育他的弟弟。'假如儿子不听从父亲的教导，兄弟不接受兄长的教育，虽然有先生今天这样的辩才，又能拿他怎么样呢？而且盗跖的为人，心血犹如喷涌的泉水，感情变化就像骤起的暴风，勇武强悍足以抗击敌人，巧言善辩足以掩盖过错，顺从他的心意他就高兴，违背他的心意他就发怒，容易用言语侮辱人。先生一定不要去见他。"

孔子不听，让颜回驾车，子贡陪乘，前去会见盗跖。

盗跖正在泰山的南麓休整队伍，将人肝切碎而吃。孔子下车走上前去，见了通报的人员说："鲁国人孔丘，听说将军刚毅正直，多多拜托转达我前来拜见的心意。"

通报的人进去通报，盗跖听说孔子求见勃然大怒，双目圆睁亮如明星，头发怒起直冲帽顶，说："这不就是那鲁国的狡猾虚伪之人孔丘吗？替我告诉他：'你编造言语，假称文王、武王的主张；头上戴着装饰得像树枝一样的帽子，腰上围着宽宽的牛皮带，满口胡言乱语；不耕而食，不织布却穿得讲究；整天摇唇鼓舌，专门制造是非，用以迷惑天下的君主，使天下的读书人不务正业，假作孝悌，而侥幸得到封侯富贵。你实在是罪大恶极，快些滚回去！要不然，我将把你的心肝挖出来做我的午餐！'"

孔子再次请求通报接见，说："我有幸认识柳下季，希望能到帐幕中拜见将军。"

通报的人再次进去通报，盗跖说："叫他到前面来！"

孔子小心翼翼地快步走进帐去，又远离座席连退数步，向盗跖深深施礼。盗跖一见孔子气就不打一处来，伸开双腿，按着剑柄瞪起双眼，声音像哺乳的母虎，说："孔

丘，你到前面来！你所说的话，合我的心意你便可以活，不
合我的心意你就得死。"

　　孔子说："我听说，大凡天下人有三种美德：生就魁梧
高大，长得漂亮无人能比，无论长幼贵贱见到他都十分欢
喜，这是上等的德行；才智能够包罗天地，能力足以分辨各
种事物，这是中等的德行；勇武、剽悍、果决、勇敢，能够聚
合众人统率士兵，这是下等的德行。大凡人们有此一种德
行，便足以南面称王了。如今将军同时具备了上述三种美
德，你高大魁梧身长八尺二寸，面容和双眼熠熠有光，嘴唇
鲜红犹如朱砂，牙齿整齐犹如排列的贝珠，声音洪亮好似
黄钟，名字却叫盗跖，我私下为将军感到羞耻并且认为将
军不应有此恶名。将军如果有意听从我的劝告，我将南边
出使吴国、越国，北边出使齐国、鲁国，东边出使宋国、卫
国，西边出使晋国、秦国，派人为将军建造数百里的大城，
确立数十万户人家的封邑，尊将军为诸侯，跟天下各国除
旧布新，停战休兵，收养兄弟，供祭祖先。这才是圣人贤士
的作为，也是天下人的心愿。"

　　盗跖大怒说："孔丘上前来！凡是可以用利禄来规劝、
用言语来谏正的，都只能称作愚昧、浅陋的顺民。如今我
身材高大魁梧，面目英俊漂亮，人人见了都喜欢，这是我的
父母给我留下的德行。即使你孔丘不当面吹捧我，我难道
不知道吗？而且我听说，喜好当面夸奖别人的人，也好背
地里诋毁别人。如今你把建造大城、汇聚众多百姓的意图
告诉给我，这是用利禄来诱惑我，而且是用对待顺民的态

度来对待我,这怎么可以长久呢!城池最大的,莫过于整个天下。尧舜拥有天下,子孙却没有立锥之地;商汤与周武王贵为天子,可是后代却遭灭绝,这不是因为他们贪求占有天下的缘故吗?

"况且我还听说,古时候禽兽多而人少,于是人们都在树上筑巢而居躲避野兽,白天拾取橡子,晚上住在树上,所以将他们叫做有巢氏之民。古时候人们不知道穿衣,夏天多多存积柴草,冬天就烧火取暖,所以将他们叫做懂得生存的人。到了神农时代,闲居是多么安静舒适,行动是多么优游自得,人们只知道母亲,不知道父亲,跟麋鹿生活在一起,自己耕种自己吃,自己织布自己穿,没有伤害别人的心思,这就是道德鼎盛的时代。然而到了黄帝时代就不再具有这样的德行,跟蚩尤在涿鹿的郊野上争战,流血百里。尧舜称帝,设置百官,商汤放逐了他的君主,武王杀死了纣王。从此以后,世上总是依仗强权欺凌弱小,依仗势众侵害寡少。商汤、武王以来,就都是属于祸害人民的人了。

"如今你研修文王、武王的治国方略,控制天下的舆论,一心想用你的主张教化后世子孙,穿着宽衣博带的儒式服装,说话与行动矫揉造作,用以迷惑天下的诸侯,而且一心想用这样的办法求取高官厚禄,要说大盗再没有比你大的了。天下为什么不叫你为'盗丘',反而称我为'盗跖'呢?你用甜言蜜语说服了子路让他死心塌地地跟随你,使子路去掉了勇武的高冠,解除了长长的佩剑,受教于你的门下,天下人都说你孔子能够制止暴力禁绝不轨。可是后来，子路想要杀掉篡逆的卫君却不能成功，而且还在卫国东门就被剁成了肉酱。你让子路被剁成肉酱，对上无法保身，对下无法做人，这就是你那套说教的失败。你不是自称有才智的学士、圣哲吗？却两次被逐出鲁国，在卫国被人铲平你留下的足迹，在齐国被逼得走投无路，在陈国、蔡国之间遭受围困，不能容身于天下。而你所教育的子路却又遭受如此的祸患，做师长的没有办法在社会上立足，做学生的也就没有办法在社会上为人，你的那套主张有什么可贵之处呢？

"世上所尊崇的，莫过于黄帝，黄帝尚且不能保全德行，而征战于涿鹿的郊野，流血百里。唐尧不慈爱，虞舜不孝顺，大禹半身不遂，商汤放逐了他的君主，武王出兵征讨商纣，文王曾经被囚禁在羑里。以上这六个人，都是世人所尊崇的，但是仔细评论起来，都是因为追求功利丧失真性而强迫自己违反了性情，他们的做法实在是极为可耻的。

"世人所称道的贤士，就如伯夷、叔齐。伯夷、叔齐辞让了孤竹国的君位，却饿死在首阳山，尸体都未能埋葬。鲍焦行为矫饰，非议世事，竟抱着树木而死去。申徒狄多次进谏不被采纳，背着石块投河而死，尸体被鱼鳖吃掉。介子推算是最忠诚的了，割下自己大腿上的肉给晋文公吃，文公返国后却背弃了他，介子推一怒之下逃出都城隐居山林，也抱着树木焚烧而死。尾生跟一女子在桥下约会，女子没有如期赴约，河水涌来尾生却不离去，竟抱着桥柱子而淹死。以上这六个人，跟肢解了的狗、沉入河中的猪，以及拿着瓢到处乞讨的乞丐相比没有什么不同，都是重视名节轻生赴死，不顾念身体和寿命的人。

　　"世人所称道的忠臣，没有超过王子比干和伍子胥的了。伍子胥被抛尸江中，比干被剖心而死，这两个人，世人都称作忠臣，然而最终被天下人讥笑。从上述事实看来，直到伍子胥、王子比干之流，都是不值得推崇的。

　　"你孔丘用来说服我的，假如告诉我有关鬼神的事，那我是不知道的；假如告诉我人世间真实存在的事，不过如此而已，都是我所听闻的事。现在让我来告诉你人之常情，眼睛想要看到色彩，耳朵想要听到声音，嘴巴想要品尝滋味，志气想要充分满足。人生在世高寿为一百岁，中寿为八十岁，低寿为六十岁，除掉疾病、死丧、忧患的岁月，其中开口欢笑的时光，一月之中不过四五天罢了。天与地是无穷尽的，人的死亡却是有时限的，拿有时限的生命托付给无穷尽的天地之间，迅速地消逝就像是骏马良驹从缝隙中骤然驰过一样。凡是不能够使自己心境获得愉快而颐养天年的人，都不能算是通晓常理的人。

　　"你孔丘所说的，全都是我想要废弃的，你赶快离开这里滚回去，不要再说了！你的那套主张，癫狂失性钻营奔逐，全都是巧诈、虚伪的东西，不可能用来保全真性，有什么好谈论的呢！"

　　孔子再三拜谢快步离去，走出帐门登上车子，拿在手里的缰绳多次失落，眼光失神模糊不清，脸色犹如死灰，低垂着头靠在车前的横木上,颓丧地不能大口喘气。回到鲁国东门外,正巧遇上了柳下季。柳下季说:"近来多日不见,看你的车马好像外出过的样子,恐怕是前去见到盗跖了吧?"孔子仰天长叹道:"是的。"柳下季说:"盗跖莫不是像先前我所说的那样违背了你的心意吧?"孔子说:"正是这样。我此举就像没有生病而自行针灸一样,自讨苦吃,急急忙忙地跑去撩拨虎头、抚弄虎须,几乎不免被老虎吞掉啊!"

看完庄周所写的文章,惠施喜不自禁,一把将庄周抱住,兴冲冲地嚷道:"我的好兄弟呀,你还说你不会写,能写出这样的文章,天下谁人能比?!"

兴头上,惠施把庄周写就的文章捧给子綦看,子綦看后大喜,情绪激动地连声夸赞庄周:"非同凡响,非同凡响!"

惠施打趣说:"庄周啊庄周,你把孔圣人写得如此不堪,孔圣人倘若在世,不指着你的鼻子破口大骂才怪!"

惠施的话,引得满堂哄笑。

三、游历天下

有一天,爱好钓鱼的庄周,带惠施去蒙邑南端的泱泱濮水钓鱼。

濮水原属陈国,陈国被楚国伐灭,濮水理所当然归属楚国。楚国与宋国的分界,即以宽阔的泱泱濮水为界。濮水系天然水系,东流入淮,淮通长江,上下贯穿,鱼、鳖、鳅、虾等水族,在这里自然繁殖,如一茬茬庄稼,随季而旺,历来是垂钓的好去处。这里虽属楚地,但地处荒远,楚国懒得管,宋国又管不着。所以,庄周爱到濮水垂钓。

半天工夫,两人钓到的鱼盛满了鱼篓。尽兴而归的路上,庄周对惠施说:"平时没事,我就爱来濮水钓鱼,你呢?你在家平时没事怎么消遣?"

惠施说:"我最爱交游,有空就跑天下,看名山大川。"

庄周说:"都有哪些好看的,说来听听。"

惠施说:"天下好看的多了去了,奇观异景,山高水阔。野语有言:'不登高山,不知天之高也;不临深渊,不知地之厚也!'"

庄周说:"你最远到过哪里?"

惠施说:"北海。"

庄周说:"北海肯定很大的。"

惠施说:"太大了,你知道吗?咱平时看蒙泽觉得不小吧?但跟北海比起来,那就像千百头牛身上的一根毛啦。"

千百头牛身上的一根毛,那北海到底有多大?庄周没见过海,想象不出来到底该有多大。

惠施远游北海的话,挑起庄周想游览天下名山大川的欲望。

庄周把想游历的想法告诉了惠施,惠施表示赞同。

子綦也支持庄周游历天下,说:"天下是一本大书,年轻人应该去阅历一番,见见世面。"

只有庄周母亲周氏持反对态度,庄全对周氏说:"雏鸟长大了,毛长全了,该飞就让他飞去吧。"

庄周安慰母亲说:"我又不是小孩子了,你就甭担心这担心那的了,出门在外,我会照顾好自己的。再说,我又不是不回来了,我出去走走就回来。"

说通了母亲，在一个阳光明媚的早晨，庄周骑上家里特为他外出准备的良马，只身踏上游历的征程。

庄周一路西行，首先来到宋国的国都商丘。三年前，庄周曾陪老师子綦来商丘游玩。此次重游，街貌如故，没什么大的变化。穿街走巷，庄周径去商丘北郭。北郭野外有一棵叫不上名字的奇大的树，是子綦当年带他来看的。

出了北郭，老远就看到了那棵奇树，庄周心头一喜，快步奔过去。

这棵奇树的树冠之大，在下面足以放下上千辆四匹马拉的大车。这棵树的材质却不值一提。树枝弯弯曲曲的，并不能用来做栋梁；其主干，从树心到表皮都开着口子，并不能用来做棺椁；伸舌头舔一添树叶，口舌就溃烂了；用鼻闻一闻气味，人就醉了，三天三夜都醒不过来。

当年子綦感慨之下，对庄周说："这是一棵毫无用处的树。正因为它毫无用处，所以才长得这么奇大。唉，精神上完全超脱的神人，就像这不成材的奇树呢！"

此次造访奇树，庄周心头又是一番感慨。

离开商丘，庄周即奔行苦县。他要到苦县濑乡曲仁里祭拜。因为，令他敬仰的老聃就出生在这里。

祭拜罢老子故里，庄周便折头南行。

庄周昼行夜宿，一路向南。

庄周此行，是要到郢都寻根访祖。

南行的路上，随处可见被抛荒的田地长满野草。常常有饥民乞讨于途。不用问，庄周当然明白这是连年诸侯混战造下的恶果。

曾几何时，庄周还把故乡荆楚想象得如天堂般美好，以为是个富庶之地，且无比诗意。

记得南伯子綦授课时，曾讲了个承蜩之巧的故事。故事是这样的——

> 孔子到楚国去，行走在一片树林中，见到一位驼背老人从树上粘蝉，就像拾取蝉一样容易。
>
> 孔子问道："您真灵巧呀！有什么窍门吗？"
>
> 老人回答："当然有诀窍啦。我经过五六个月的练习，在竿头上叠放着两个泥丸，这两个泥丸掉不下来，然后再去粘蝉，失手的概率就很小了；后来在竿头上叠放三个泥丸，掉不下来，然后再去粘蝉，失手的机会只有十分之一；再后来在竿头上叠放五个泥丸，这五个泥丸仍掉不下来，然后再去粘蝉，就好像在地上拾取一样容易了。当粘蝉时，我的身子站定在那，就像一截纹丝不动的木桩子；我举着的手臂，就像枯树枝一样；虽然天地很大，万物繁多，而我却只看见蝉的翅膀。我不回头不侧身，不因万物而改变对蝉翼的注意，当然能粘到蝉啦！"
>
> 孔子回头对弟子们说："心无旁骛，精神凝聚专一，就是说的这位驼背老人呀！"

想起老师说的这个故事，庄周颇为荆楚人感到由衷的自豪。

南伯子綦讲道，涉及许多荆楚人的特立独行之举。

比如，楚狂接舆就是。

想想老师说的楚狂接舆讽谏孔子的话，庄周不由得就开怀而笑。

其过程是这样的——

孔子到楚国去，楚国隐士接舆有意来到孔子门前，唱道："凤啊，凤啊，你的德行为何衰微了呢？来世不可期待，往世不可追回。天下有道，圣人可以成就事业；天下无道，圣人只能保全生命。当今这个时代，只能求免遭刑戮。幸福比羽毛还轻，而不知道摘取；祸患比大地还重，而不知道去躲避。算了吧，算了吧！在人前以德来炫耀自己。危险啊，危险啊！人为地画出一条道路让人们去遵循！遍地的荆棘啊，不要妨碍我的行走！曲曲弯弯的道路啊，不要伤害我的双脚！"

至今，庄周念念不忘南伯子綦讲到的那位荆楚的种菜老人。

在庄周眼里，南伯子綦所讲的这位种菜老人，简直就是学道之人的标杆。

因为南伯子綦所讲的这位种菜老人，富有真气。

南伯子綦是这么讲述的——

子贡到南边的楚国游历，返回晋国，路过汉水南岸时，见到一位种菜老人正在菜园里劳作，他凿了一条地道直通到井边，抱着陶罐装水，然后抱上来浇菜园，他上来下去，下去上来，用力甚多而功效甚少。子贡见了说："如今有一种机械，每天可以浇灌上百个菜畦，用力很少而功效颇多，老先生你不想试试吗？"

种菜老人抬起头来看着子贡说:"应该怎么做呢?"

子贡说:"用木料做成器械,后面重前头轻,提水就像从井中抽水,快得就像水向外漫出来一样,这种机械就叫做桔槔。"

种菜老人变了脸色,讥笑着说:"听我老师讲,有了机械就一定会有机巧之类的事,而有了机巧之类的事,就一定会有机巧之心。胸中一旦有了机巧之心,不曾受到世俗沾染的纯洁空明的心境就不完整齐备啦;纯洁空明的心境不完备,精神就不会专一安定;精神不能专一安定的人,大道也就不会充实他的心田。我不是不知道你所说的办法,而是为用桔槔感到羞愧,所以我不愿那样做!"

子贡满面羞愧,低下头不能作答。

隔了一会儿,种菜老人说:"你是干什么的呀?"

子贡说:"我是孔丘的学生。"

种菜老人说:"你不就是那具有广博学识并处处仿效圣人,夸诞矜持盖过众人,自吹自擂盖过众人,自弹自唱哀歌于天下,周游天下卖弄名声的人吗?你的神气就要消散,形体也要毁坏,就快完蛋了!你对自己都不善于修养调理,哪里还有工夫去治理天下!你快走吧……不要在这里耽误我的事情!"

子贡惭愧失色,垂头丧气,走了三十里路,神色才恢复正常。

子贡的弟子问:"先前碰到的那个人是干什么的呀?先生为什么见过之后神色大变,整天都缓不过劲来呢?"

子贡说："起初我以为天下只有孔夫子一位圣人，不知道还有像种菜老人那样的人。我听老师孔夫子讲，行事要寻求可行，功业要追求成功。用的力气要少，获得的功效要多，便是圣人之道。如今却竟然不是这样。持守大道的人德行才完备，德行完备的人形体才健全，形体健全的人精神才健全。精神健全方才是圣人之道。托生世上，与百姓并存却不知道自己应该去到哪里，内心深沉，德行淳厚而又完备啊！功利机巧肯定不放在他们那种人的心上。像那样的人，不同于自己的心志不会去追求，不符合自己的思想不会去做。哪怕天下人都称赞他，哪怕称誉的言辞合乎他的德行，他也傲然不理会；哪怕天下人都非议他，非议使其名声丧失，他也会无动于衷不予理睬。世人的非议和赞誉，对于他们毫无影响，这就是德行完备的人啊！我只不过是随波逐流之辈罢了。"

子贡回到鲁国，把路上遇到的情况告诉给孔子。

孔子说："那是研讨和实践浑沌氏主张的人呀，只知天道，不知其他；执守内心，不顾外物。那明澈纯净到如此素洁，清虚无为回返原始的朴质，体悟真性持守精神，优游自得地生活在世俗之中的人，你怎么会不感到惊异呢？况且浑沌氏的主张和修养方法，我和你又怎么能够了解呢？"

这位种菜老人思想何其古拙呀，但呈现出来的得道之气象却充盈天地，透着世上那种难得的大智若愚，堪可垂范万千学道之人哩。他无疑称得上荆楚人的骄傲。

深入楚地寻根访祖，庄周无时不想融入荆楚的思想气脉里。

这天，庄周翻行一处光秃秃的乱石山，行至天晚没有走出去，趁亮，庄周就近找到一处山坳，将马拴好，准备在这山坳里和衣而卧。山坳里有碎石，庄周蹲下来清理，不想碎石里埋着一具人头骷髅。骷髅白骨森森，张着嘴巴，一副凶相，看上去特别瘆人。庄周惊出一身冷汗，口里大声念道："髑髅髑髅，无伤吾行。"他一时乱了方寸。庄周起身想逃离这山坳。解马缰绳时，庄周将山坳里的人头骷髅指给马看，拍拍马脖子，问："你怕吗？"马突噜突噜嘴，悠闲地甩动尾巴。看到马一副安闲自得的样子，庄周陡增胆量，嘲笑自己说："一具人头骷髅，我怕它何干？"就取来马鞭敲击人头骷髅，边敲边大声豪气地问道："先生是贪求生命、失却真理，因而成了这样呢？抑或你遇上了亡国的大事，遭受刀斧的砍杀，因而成了这样呢？抑或有了不好的行为，担心给父母、妻子儿女留下耻辱，羞愧而死成了这样呢？抑或你遭受寒冷与饥饿的灾祸而成了这样呢？抑或你享尽天年而死去成了这样呢？"说罢，庄周顺手用马鞭将人头骷髅的面拨过来，让它面朝下了。面朝下的人头骷髅，立马如同没有规则的碎石，不再呈现人的具象了。恐惧烟消云散，庄周的心情复归于平静。

　　整平山坳，临睡时，庄周看翻过来面朝下的人头骷髅，正适合做枕头，就取过来当枕头了。

　　到了半夜，庄周听见人头骷髅给他显梦说："你先前谈话的样子，真像一个善于辩论的人。看你所说的那些话，全属于活人的拘累，人死了就没有上述的忧患了。你愿意听我说说人死后的快乐吗？"

　　睡梦中，庄周听见自己对人头骷髅说："好。"

　　人头骷髅说："人一旦死了，在上没有国君的统治，在下没有官吏的管辖；也没有四季的操劳，从容安逸地把天地的长久看作时令的流逝，即使南面为王的快乐，也不可能超过。"

庄周听见自己说："我让主管生命的神来恢复你的形体，为你重新长出骨肉肌肤，归还你的父母、妻子儿女、左右邻里和朋友故交，你愿意这样吗？"

人头骷髅皱眉蹙额，深感忧虑地说："我怎么能抛弃南面称王的快乐而再次经历人世的劳苦呢？"

梦醒后，庄周回想人头骷髅与自己的对话，越想越觉得人头骷髅所说的话具有大智慧。

是啊，人活着，如若丧失本性、真性，委屈苟活，那还真不如不具备生命的人头骷髅。因为，人无生命就没有思想，没有思想就不会遭受心灵的磨难，如此，痛苦也将无从产生。照此看来，死亡也并非没有可取之处。

正是从这一夜，庄周开始思考起生与死这一对处于两极的问题。

庄周觉得求生是人的本性，人无法不热爱生命；万一大限降至，人应坦然面对，不必惧死，因为人终究是要走向死亡的，不正视又能怎么样呢？

以感性思维，从生命本体的角度思考生与死，是青春葱茏的早年庄周。

直到许多年后，通过生活的无尽涤荡，庄周才彻底树立起超凡脱俗且足以让世人摆脱恐惧的死亡观。

马不停蹄。

南行，南行。

独行途中，伴随庄周的，除了孤寂还是孤寂。不过，一路奔行，庄周自有对付旅途孤寂的办法，那就是吟诵《诗经》。

深入楚地，庄周无时不以游子归来的情怀感受着故国的山山水水。

> 定之方中，
> 作于楚宫。
> 揆之以日，
> 作于楚室。
> 树之榛栗，
> 椅桐梓漆，
> 爰伐琴瑟。
> 升彼虚矣，
> 以望楚矣。
> 望楚与堂，
> 景山与京。
> 降观于桑，
> 卜云其吉，
> 终焉允臧。
> 灵雨既零，
> 命彼倌人，
> 星言夙驾，
> 说于桑田。
> 匪直也人，
> 秉心塞渊，

骒牝三千。

这首称颂卫国卫文公的诗,庄周信口拈来,借以倾吐对故国之爱。

宋国虽是寄居之地,但毕竟养育了自己。何况,自己远游,至亲骨肉还在蒙邑,回想离开之前在蒙邑家中父慈母爱的点点滴滴,庄周心头春风荡漾,暖意满胸。

> 谁谓河广?
>
> 一苇杭之。
>
> 谁谓宋远?
>
> 跂予望之。
>
> 谁谓河广?
>
> 曾不容刀。
>
> 谁谓宋远?
>
> 曾不崇朝。

于途吟诗,庄周心绪飞扬,意气浩荡。

一个月之后,庄周来到了梦寐以求的郢都。

美不美故乡水,亲不亲故乡人。踏入郢都城门的那一刻,庄周心中热潮滚滚,睁大了眼睛热望着车来人往的郢都街市。

哎呀,家乡的人啊,一看到你们的样子,我即知是郢都的水土造就了你们棱角分明的体貌,那眼角眉梢挑动的姿势,传导着怎样的情意呢,是郢人恐怕能够一瞥而知吧?街长巷深,古色古香,明显透着发祥地的吉瑞脉象。庄周一路走,一路尽情地接纳着感受着扑面而来的故国气息,痴痴迷迷,陶醉其中。

遵照父亲的吩咐，庄周首先在偌大的郢都找到庄氏家族宗祠。

通过宗祠，庄周很容易找到同宗，认祖归宗。

在庄氏族长的引导下，庄周来到郢都郊外，找到高祖庄生之墓，长跪祭拜。

庄周千里迢迢奔来投宗，实为郢都庄氏家门之喜，五服之内的庄氏长辈、叔伯兄弟，争相揽请庄周在自家留住，予以热情款待。

有同族照应，庄周乐得在郢都长期逗留。

族中一位四十一岁的叔父病故，庄周前去吊唁。其家置酒款待前来吊唁的亲友，击鼓伐钹，歌舞唱曲，场面如同喜庆，竟毫无哀丧的气氛。这令庄周深感意外，因为在蒙邑长到这么大，庄周所见丧礼全是大悲大痛的场面，别说击鼓歌舞唱曲，在丧礼现场，开口笑一笑，那都是有违人伦，被视为不详之举啊。"邻有丧，舂不相，里有殡，不巷歌。"中原丧礼一直以来都是以哀为主。自小，庄周尽管听父亲说："楚俗，居丧好击鼓歌舞。"一直以为这不过是玩笑话而已，今日真见，一下子就颠覆了庄周对在宋国所见的那种压抑至极的丧礼的认知。

庄周通过走访考察，"居丧好击鼓歌舞"确为郢都举办丧礼的古已有之的习俗。

楚国与宋国的丧礼大异其制，庄周为此进行了长期的考察与思考。

在郢都逗留了半年左右，庄周辞别郢都的族人与朋友，继续踏上游历的征程。

庄周取道洞庭湖，沿长江，乘流东游，目标东海。

在畅游东海以后，庄周做了一个奇梦。

庄周梦见自己制作了一副十分巨大的鱼竿和鱼钩，系上粗大的黑绳，钩上垂着五十头犍牛做钓饵，然后自己蹲在会稽山上，把钓竿投向东海，每天都这样钓鱼，整整一年过去了，却没有钓到一条鱼。他不气馁，照旧每天钓下去，功夫不负有心人，终于有一天，一条无比巨大的鱼吞食鱼饵，牵着巨大的钓钩，急速沉没海底，又迅急地扬起脊背腾身而起，它掀起的白浪犹如大山，海水剧烈震荡，发出的声音犹如鬼哭神嚎，震惊千里之外。

钓得这样一条大鱼，喜不自胜之际，庄周正愁如何把它弄上岸，一阵飓风刮来，他轻而易举就将这条无比巨大的鱼甩到了海岸上。然后他挥动一把巨型切刀，将钓上来的大鱼剖开，制成鱼干。之后，庄周不辞劳苦，四处去招呼天下的饥民来取食。凡是到来取食鱼肉的人，没有谁不吃得饱饱的。回味如此奇梦，庄周知道自己是可怜那些沿途乞讨的饥民，心里放不下他们。

四、漆园为吏

一路观览，庄周踏过形形色色的山，看了形形色色的水，品阅了形形色色的人，遇到过形形色色的事，当他旅行告一段落返归家园时，一年零九个月的时光已被他挥霍而去。

在庄周出游的一年零九个月的时间里，天下诸侯继续混战。

极力攻伐诸侯的秦国，野心勃勃，一心图霸中原，欲代周为王。于是，秦孝公采取商鞅之策，由旧都栎阳（今陕西临潼），迁都渭水之滨的渭城，改名咸阳（今陕西西安）。为能达到富国强兵东进中原之目的，秦孝公在商鞅原来废除井田制推行大亩制的基础上，在秦民本应缴纳的什一税之外，强行增设人头税，竭尽民力充实国库。

庄周游历归来三个月之后，在庄全夫妇的操持下，迎娶了自己的妻子宁氏。

宁氏父亲儒学出身，祖辈在蒙邑有田产，宁家是那种小富即安的人家。

宁氏性格温柔，为人规矩，待人厚道，一经嫁入庄家，即以传统的周礼示夫，取夫唱妇随之态，恪守妇道。

新婚宴尔，庄周牵过宁氏的手，情意绵绵地问："你看中了我什么呢？"

宁氏小鸟依人，偎在庄周胸前，仰脸儿望着庄周，喃喃莺声："我听父母的，父母说，你家善良，从不与人家为恶。"

庄周说："从善如流，乃人之常情呀。非独我家，你家亦然。"

宁氏说："这叫好人家摊上好人家。"

庄周说："我值得你如此信托吗？"

宁氏说："哎呀，瞧你问的，你值得信托吗？"

庄周说："'执子之手，与子偕老。'"

宁氏说："'死生契阔，与子成说。'"

气氛欢洽，庄周将宁氏抱在了胸前，感受两颗怦怦跳的心儿紧紧贴在了一起。

婚后，庄周除了师从子綦学道，继续帮着父亲经营荆园。作为妇道人家，宁氏在家帮着婆婆操持家里的里里外外。

这年冬季，趁着闲暇，庄周专程去商丘拜访契友惠施。

因看不惯宋相戴剔成所作所为，惠施仍然拒绝出仕。

在惠施处，庄周得知策士司马熹来到了宋国国都。司马熹乃卫人,在卫国得不到重用,特来游说宋相戴剔成。

庄周说:"宋国在诸侯当中并非强国,司马憙能看上吗?"

惠施说:"不是司马憙能不能看上宋国,是他能不能说动戴剔成。"

庄周说:"戴剔成喜听游士大言。"

惠施说:"好大喜功者,没有不爱听游士大言的。"

不日,惠施从惠盎那里了解到,司马憙为戴剔成说了一套强国之策。

庄周向惠施问司马憙游说戴剔成的结果。

惠施说:"戴剔成几年前就提出要仿效秦国之变法,怎奈宋桓侯只想守土保民,不愿开疆拓土,所以变法仅止于黜儒重墨等细枝末节。司马憙怂恿戴剔成说:'非变法无以图强,是以天下不肯坐以待毙之诸侯纷纷起而变法,而变法成效最大者当数秦国,相国只要仿效秦国变法,何愁不能富国强兵?'戴剔成早想如此图变,今得司马憙之言,正中下怀。"

庄周不由叹息:"戴听司马之言,宋将危矣。"

惠施说:"戴剔成不顾宋桓侯反对,要礼聘司马憙做国师!"

庄周说:"结果呢?"

惠施说:"宋桓侯相当警惕,没有同意。"

庄周长出了一口气,一颗悬在嗓子眼里的心放下了。

宋国开始全面仿效秦国的变法,颁布新的征兵令,征兵范围扩大,年龄扩大,大肆征兵充实攻伐武力。为充实国库,税率在原有的基础上统统提高一倍,并学秦国,强行开设了人头税。

此等新法颁布之后,宋民敢怒不敢言。因为颁布的新法上明令

庄子传

禁止对所推行的条律妄议妄言，有违者逮而系狱，有抗者捕而杀之。

荆园的税率，原先为二十税一，现在增至十税一。漆园的税率，由原先的二十税五，现在增至十税五。

税率增至十税一，尽管提高了一倍，经营荆园还能有利可图。

税率增至十税五，等于把漆园收入毛利的一半拿出来上缴，如此算下来，下本儿下功夫经营漆园一年，近乎无利可图。

子綦当然无法接受这一所谓的新税法。

唯一的途径，是将自己经营多年的漆园出手转让。

然而，人人心里都有一本明细账，最终无人愿意收购漆园。

子綦一心出让，官府伺机低价收购了漆园。

眼看老师的漆园，被官府采取近乎讹诈的手段收取，庄周愤愤不平。

庄周对子綦说："我今日总算知道什么叫趁火打劫啦，编个理由，立马就能叫你变成穷光蛋！"

子綦说："取义活民，乃仁者安邦之本；搜利刮民，乃为戴剔成背德妄动。我失漆园事小，可怜宋国好端端的就变成了戴剔成穷兵黩武的资本。"

庄周说："弱国争于强雄，无异于羊送虎口，难道戴剔成连这个浅显的道理都不明白吗？"

"利令智昏，耳目闭塞。"子綦说，"通过变法，戴剔成以为自己很快就变成了一头猛虎了呢。"

庄周说："漆园被收走了，夫子今后有何打算？"

子綦告诉庄周，赖以养家的漆园没了，他打算让家人返回齐国定居，自己和弟子颜成子游留在蒙邑。

子綦回齐安排家人迁居事宜,庄周同颜成子游陪送之齐。

天下战乱频仍,为避战祸,子綦至齐,即为家人选定海滨为安家之地。迁居事宜安排妥当,返归时,庄周提议要去泰山看一看,子綦就带庄周和颜成子游前往泰山。

游览罢泰山,师徒三人回到住所。

南郭子綦靠着几案而坐,仰头朝天缓缓地呼吸,那离神去智的样子真好像遗忘了自我的存在。

颜成子游注意到子綦迥异于平日的面相,问道:"这是什么缘故呢? 形体诚然可以使它像干枯的树木,精神和思想难道也可以使它像死灰那样吗? 你今天凭几而坐,跟往昔凭几而坐的情景大不一样呢。"

子綦说:"你问得很好,今天我忘掉了自己,你知道吗? 你听见过'人籁'或许没有听见过'地籁',你即便听见过'地籁'肯定没有听见过'天籁'吧!"

子游说:"愿闻其详。"

子綦说:"大地呼出的气,名字叫风。风不发作则已,一旦发作整个大地上数不清的窍孔都怒吼起来。你没有听过那长风呼啸的声音吗? 山林陡峭峥嵘的去处,百围大树上的孔窍,有的像鼻子,有的像嘴巴,有的像耳朵,有的像梁上的方孔,有的像圈围的栅栏,有的像舂米的臼窝,有的像深池,有的像浅塘。它们发出的声音,有的像湍急的流水声,有的像飞箭声,有的像叱咤的声音,有的像呼吸的声音,有的像叫喊的声音,有的像号啕大哭,有的像风吹深谷的声音,有的像哀叹的声音。真好像前面在呜呜唱导,后面在呼呼随和。清风徐徐就有小小的和声,长风呼呼便有大的反响,迅猛的暴风突然停歇，万般窍穴也就寂然无声。你难道不曾看见风过处万物随风摇曳的样子吗？"

子游说："弟子明白了，地籁就是万窍所发出的声音，人籁是排箫所吹之乐。请问何为天籁？"

子綦说："想想看，天地万物各自能发出自己的声音，根源何在？"

子游闷头想了一会儿，老实回答说："根源难以厘清，弟子实在不知。"

庄周说："夫子所言天籁，莫非就是至高境界？"

子綦双眸亮了一下："说来听听。"

庄周说："天籁乃为音声之最高境界。"

子游不信，盯问庄周："何出此言？"

庄周说："与地籁、人籁相较而言，天籁溟溟漠漠，浑然天成。但不呈现具体之形迹，不像地籁、人籁可以寻迹探踪。天籁发乎声，止乎息，源隐源遁，因应变化。故曰：谓之天然。置身天籁，如沐春风，尽可感应、意会，其妙处却无以为人言传矣。正如《老子》所言：'视之不见曰夷，听之不闻曰希，博之不得曰微。'天籁乃为天道之表现，同样看不到、摸不着的。天道玄玄，无以穷根究源。天籁亦然。因难呈现其具体形迹，如其母体天道一般，天籁亦无法指实。因之，领受天籁，只可凭各人的感觉加以体悟。"

子綦望着庄周侃侃而谈，待庄周说罢，子綦不觉长出了一口气，欣慰地说："领会得透彻啊，你已尽得老聃之道。"

随子綦和颜成子游返回蒙邑，年满二十三岁的庄周面临征兵。

全家为此犯愁。

若举家回楚，便不存在被征兵的事了。但楚宣王至今没有颁布大赦令，回楚落户实为自投罗网。

作为一家之主，庄全与庄周商量说："官府有规定，出仕为官为吏者，可免服兵役。凭你的才干，在宋谋个官职应该不成问题的。"

庄周说："如今戴剔成把宋国搞得鸡犬不宁，为官等于为虎作伥，这个我坚决不干。"

庄全说："蒙邑的私营漆园，好多已经收为官府，需要有人来管理。县令正在招聘漆园吏，你若应聘，既能免服兵役，又能挣一份俸禄补贴家用。"

庄周说："漆园吏不过是个跑差，算不得官。但应聘的人应该不在少数，我未必能聘上吧。"

庄全说："招懂行的呗，不然怎么管理？你从小到大一直看着子綦一家经营漆园，也一直去漆园帮了不少忙。你对漆业应该很熟悉了。"

庄周说："我听说，不光要熟悉漆业，还要对那些仍在私营的漆园进行收税。"

庄全说："收税还能难着你吗？除非你不想干。"

庄周说："好吧，我去应聘。"

庄周前去应聘，因为熟悉漆业，顺利成为漆园吏。

第三章　虚室生白

一、履职尽责

"太上，不知有之；其次，亲而誉之；其次，畏之；其次，侮之。信不足焉，有不信焉。悠兮，其贵言。功成事遂，百姓皆谓'我自然'。"

走马上任之初，庄周反复揣摩《老子》此言。

这虽是教导统治者的箴言，但它寓意里所散发出的管理之道，可谓放之四海而皆准。既然做了漆园吏，怎么干好这份差事，庄周不能不用心。因为官府不宜糊弄，百姓乃生生之民，亦应善待，万不可亏待。

抱着为官不亏民的思想，庄周日日奔走于所管辖的漆园，认认真真做管理。到私营漆园收税，庄周绝不任意妄为，尽可能做到合情合理，以适百姓自适。如此用良心做事，庄周自然赢得了蒙邑百姓的良好口碑。

支离疏是蒙邑城外西南处漆园的园主，庄周对他特别欣赏。

并不是支离疏有什么特殊能耐。

庄周赏识支离疏，是因为支离疏虽然先天残疾，但他日日勤勤恳恳，忙着打理自家那一方三亩漆园，为人做事从来就不卑不亢。

说起支离疏，他可不是一般的残疾。

他上身扭曲得特别厉害，面颊隐藏在肚脐下面，肩膀高过头顶，脑后的发髻直指天空，五脏的脉管都在脊背上，双腿与两肋并齐。

庄周记得，自己十五岁那年，有一次带九岁的曹商到蒙邑街上玩，在人群中看到样子奇怪的支离疏，曹商就像见到了什么稀罕物，显得特别兴奋。感到好奇，曹商掏出随身携带的弹弓，瞅空儿就射支离疏那高高拱起的驼背。射中了，看的人无不开心地大笑，个个像赌博赢了钱似的兴奋，起哄怪笑，怂恿曹商继续戏弄支离疏。

然而，面对这种有损颜面的闹场，支离疏虽然连连挨着弹弓的射击，却不言不语，依然故我，不作反应，只管继续携带自己的行李慢慢赶路。

自从做了漆园吏接触到支离疏，庄周才了解到，支离疏虽然先天残疾，但他持针缝补衣服，足以养活自己；用簸箕筛谷物，足以养活十口人。国家征兵时，支离疏大摇大摆地到处走，毫不担心被征兵。国家摊派徭役时，支离疏因为身体长期残疾，一直能免于当差。

出于想帮助支离疏，庄周依据宋国有表彰孝子的条律，就向蒙邑县令进言，说支离疏尽管残疾，但他身残志坚，本分勤快，上能养父母，下能养子女，当是广大百姓勤劳的榜样，应该给予特别表彰。

蒙邑县令觉得漆园吏庄周所言在理，遂免除支离疏三亩漆园的漆税。

因为参与社会事务，庄周在蒙邑民间遇到了一些诸如支离疏一样心智健全的平民百姓，他们那种洁身自好自我修为的功夫，竟与庄周所学的道学不谋而合。

子桑的修为，就令庄周感叹不已。

子桑是位漂洗麻絮者，其家世代以漂洗麻絮为业。

大冬天里，庄周最后一次到私营漆园收税，路过一处池塘，看见有人就着冰冷的池塘水漂洗麻絮，出于同情，就问道："天那么冷，你不怕冻手吗？"

漂洗麻絮者说："冻手又怎么着？这就是我家吃饭的营生，天天都得干呢。"

"咦，大冷天里，你的双手泡在水里，咋不见龟裂？"

漂洗麻絮者笑了笑，说："我有祖传药膏，专门能治手不龟裂呢。"

庄周说："怪不得你这么能干，原来身怀绝技呀。"

漂洗麻絮者，见庄周说话投机，乐得上岸与庄周叙话。漂洗麻絮者告诉了庄周发生在自己家族史上的一大秘闻。

　　我家祖祖辈辈以在水中漂洗棉絮为业，虽发不了财，但能保证家庭衣食无忧。一百多年前，吴地有人专门来蒙邑找我家曾祖父，表示愿出百金购买不龟手的秘方。全家族的人集中在一起商议卖还是不卖。出卖秘方，等于把自家的生存技巧公之于世，如此一来，我们家族将面临失业的危险。基于此，大部分家庭成员表示反对出卖秘方。最后让曾祖父拿主意，曾祖父说："我们漂洗棉絮，一年忙到头，收入不过几金。现在卖药方一下子可以得到百金，足够我们全家劳动几十年的。再说，吴人花了这么大的价钱买到秘方，他不会轻易将秘方泄露出去的。退一步说，即使秘方让全天下都知道了，我们家是漂洗麻絮的行家，生意还是有得做的。挣百金不易,请允许我当家把药方卖给他吧。"曾祖父一锤定音,家里就卖掉了不龟手的秘方。

当时吴国正与越国交战。因都是水乡,免不了要在水上交兵。一到冬天,士兵的手足弄不到有疗效的药膏涂抹,年年容易龟裂。针对这一大患,那个吴人满天下寻求能治不龟手足的药方,最终找到蒙邑我们的家里。

那吴人得了秘方,进献给吴王夫差。越国勾践再来侵犯吴国时,吴王夫差让进献不龟手足药方的人统帅军队。冬天和越军进行水战,把越军打得大败。吴王夫差一举灭掉了越国。到我家来买秘方的那个吴人,便成了有功之臣,于是封君分地,尽享荣华富贵。

后来发生的事,不用漂洗麻絮者继续说,庄周已知道大概结果。越王勾践与越相范蠡入吴为质。勾践采用范蠡之策,卧薪尝胆二十年,最终东山再起,伐灭了吴国,诛杀了不可一世的吴王夫差。

"接着遭殃的,就是裂地封君的那位吴人了。"庄周说。

漂洗麻絮者说:"正是呢,他被越王勾践诛灭九族了。"

"聪明反被聪明误啊!"庄周感叹说。

漂洗麻絮者说:"我们家族不搞什么机巧事,安守本分,自食其力,所以我们家族至今安然无恙,可以世世延绵接续香火。"

"祸莫大于不知足;咎莫大于欲得。故知足之足,常足矣。"庄周认为漂洗麻絮者是一位难得的懂道之人,所以吟诵《老子》的言论称颂他。

临告别时,庄周想,他应该记住这位有幸遇到的蒙邑智者,就问:"请问先生尊姓大名?"

漂洗麻絮者说："乡间野老，没什么尊贵，我叫子桑。"庄周把子桑的情况对子綦说了，师徒二人一致认定宋国蒙邑这方土地以前得益过老聃的天道教化，不然民间何来守道循真、不求富贵的至德之人？

有一天，庄周正在官府的漆园里忙活，忽然有一群青衣士兵持刀闯上前，问庄周有没有看见一个瘦高个子盗贼躲进园子里，庄周如实回说自己没看见。

漆园方圆几百亩，躲进一个盗贼是很容易的。庄周想起自己写的《盗跖》，平白无故地就觉得躲进漆园里的盗贼肯定武艺高强，怕殃及自身，庄周干脆陪这群捉拿盗贼的士兵满园子搜查。在一处灌园的沟坡里捉到盗贼，庄周做梦也没想到，盗贼竟是匠石的徒弟吕端。

士兵要把扭住的吕端捆绑起来，庄周说："且慢，这是我的熟人，待我问一问他都干了什么。"

吕端见熟人庄周在场，脸上并没有表现出一个人做了盗贼的那种羞愧之色，不但不羞愧，竟满脸怒容。

见吕端如此表情，庄周骇异之下，让两位扭住吕端的士兵松手，他要和吕端说话。

出于激愤，吕端将自己的悲惨遭遇向庄周和盘托出。

几年前，宋桓侯大兴土木建造苏宫，因吕端是木匠，即被强行征去。当时因妻子病弱，儿子尚在襁褓中，吕端苦苦哀求官家，等妻子恢复健康，儿子稍大一点，他肯定听从命令去服役。可是官家搬出宋相戴剔成亲拟的征工令，说："朝廷说啦，任何人不得以任何理由与借口逃避服役，违者系狱。"无奈之下，吕端不得不离家去国都商丘服役。等宋桓侯的行宫建成两年时间过去了，当吕端疾奔回家，自家的那几间茅草屋却找不到了。问邻居，才知自己的妻子与儿子早已活活饿死。服役的结局竟是家破人亡，吕端痛不欲生，心中对官府充满了切齿的痛恨。

吕端在自己妻子与儿子合葬的坟前坐了一天一夜，起来后仰天长啸而去。从此，他就变了个人似的，对什么都不信了。为了达到报复的目的，他索性扔下木工手艺做起了盗贼，以此发泄堵在胸中的不满与仇恨。

听罢吕端的叙述，庄周黯然神伤，心里久久不能平静。

庄周无力回天，只能眼睁睁地看着一帮青衣士兵将吕端捆绑起来押走。

看着吕端被押走的恓惶背影，庄周潸然泪下。想到自己为了免于征兵，才被迫做了漆园吏。不然，自己的下场，比吕端好不到哪里去。世事维艰，百姓就如一群被官府驱赶的羔羊，命途多舛，无以自保。当想到诸侯争战纷纷，天下竟无一片安静的地方可以栖身，庄周不禁怒从中来，挥臂朝天狂吼："诸侯不死，大盗蜂起！"

吕端事件，让庄周深刻体察到官府的荒唐与无耻。干事的热情无形中受到了打击。

此后，庄周充当漆园吏，干事一如既往的认真，但不过是为应付差事罢了。漆园吏之于他，不过是避难的护身符，犹如鸡肋，食之无味，弃之可惜。

社会无望，国家无望，已无药可救，那就放浪形骸吧。

洞悉了世事的庄周，心灰意冷之下，除了应对漆园吏的差事，便一心修为学道了。

庄周修行深，他并不因学道而闭关自守。他的心性是开放的。随时随地，他都愿以道家的修行触摸世界，拥抱世界。

正因为有着良好的道学修行，庄周在社会上拥有广泛的朋友。

庄周的这些朋友，除了惠施一类的学者，就是社会上各行各业的劳动者。

身为布衣之士，庄周特别爱与各行各业的劳动者交往。

这些各行各业的劳动者，其中不乏能工巧匠，有的甚至具备一定的道行。

闲暇之际，去走访朋友，或是去濮水垂钓，可谓庄周的世俗之乐。

受鲁国国王邀请，专门去鲁国为国王做镶的梓庆回到了蒙邑。

梓庆回来就去看望庄周。

庄周问："你的一手好活，鲁侯欣赏吗？"

梓庆说："鲁侯把镶拿在手里反复把玩，惊奇得什么似的，问我：'你用什么办法做成的呢？'我说：'这算不了什么，我是个做工的人，哪会有什么特别高明的技术呢？虽说如此，我还是有一种能耐。我准备做镶时，从不敢随便耗费精神，必定斋戒来静养心思。斋戒三天，不再怀有庆贺、赏赐、获取爵位和俸禄的思想；斋戒五天，不再心存非议、夸誉、技巧或笨拙的杂念；斋戒七天，已不为外物所动，仿佛忘掉了自己的四肢和形体。正当这个时候，我的眼里已不存在公室和朝廷，智巧专一而外界的扰乱全都消失。然后我便进入山林，观察各种木料的质地；选择好外形与体态最与镶相合的，这时业已形成的镶的形象便呈现于我的眼前，然后动手加工制作。不是这样我就停止不做。这就是用我木工的纯真本性融合木料的自然天性,制成的器物被疑为神鬼工夫的原因,恐怕也就出于这一点吧!'"

梓庆说罢,庄周称赞说:"说得好哇,你心中存道!"

梓庆做镶,让庄周深深体会到一个人做事用心专一的奇效,故而,庄周以后修道更加专心用功。

二、看透人世

宋国仿效秦国变法一年,国库充盈,兵力也一再增强,呈现今非昔比之势。对于变法,宋桓侯原是抱着试试看的态度,如今看到成效之大,心悦诚服。于是不再反对戴剔成举荐司马熹,任命其为右师。

做上宋国右师,司马熹感激戴剔成,以赏罚应实行分工献策戴剔成,以便让戴剔成在宋国立威立信。

其策略是这样的:国家凡有奖赏事,一律让国君宋桓侯主持颁赏;刑罚诛戮,则由戴剔成执行。宋桓侯不知是计,以为主持奖赏可赢得善名受万民拥戴,欣然依允。

此令一出,子綦惊呼:"宋将易位!"

庄周不解:"执掌刑罚乃得罪人的差事,戴剔成甘愿担当恶名,于国能有什么不利呢?"

子綦说:"此乃戴剔成效法田成子篡位之术!"

齐平公之时,齐相田成子为了固位专权,针对齐平公好大喜功,使出了一个冠冕堂皇的招数,他对齐平公说:"臣民没有不喜欢被表彰而讨厌惩罚的,主公专掌赏赐,由臣来做恶人专掌刑罚。"齐平公觉得田成子的这个办法很好,乐得专掌赏赐。但几年以后,齐国臣民只看重田成子,而一国之君的齐平公在臣民眼里,不过是个摆设而已。于是齐国大权落到田成子手里,齐平公自食恶果。

听了田成子的故事,庄周恍然大悟,说:"夫子离开齐国隐居蒙邑,乃为不满田氏篡位代齐。"

师徒二人担心宋国今后前途。

庄周问子綦:"宋国一旦有变,夫子如何处之?"

子綦说:"我一大把年纪了,已习惯住在蒙邑,就终老在这里吧。你年纪轻轻的,蒙邑住不下去了,你可回楚国,也可选择另外的地方,不过,无论你去了哪里,只要因应泰道,循真葆德,必能逢凶化吉。"

宋国赏罚分工一年后,朝野上下谁都不敢小觑戴剔成,而作为国君的宋桓侯,在宋人眼里无非就是个摆设。威与信即立,戴剔成依司马熹之言,囚禁宋桓侯于苏宫猪圈,并大肆清洗忠于宋桓侯的大臣。自此,戴氏取宋。

宋桓侯被囚于龌龊的苏宫猪圈后,才醒悟戴剔成多年来都是在步步算计自己,但如今朝权尽移,宋国已被戴剔成掌控。作为国君,宋桓侯只有在苏宫猪圈里追悔度日了。

宋桓侯被囚,一向拒绝在宋国出仕的惠施,更加看不起戴剔成,为防戴剔成以威强令自己出仕,惠施决定远离宋国。恰在此时,有消息传说魏相白圭死了,惠施想谋取魏相,随即赴魏。

到达大梁,惠施才知消息纯属误传。白圭没死,仅是罢相。

既来之,则争之。惠施雄心勃勃游说魏惠侯。

惠施乃天下名士,魏惠侯赏其才,聘为客卿。

魏相一职,由中山国君中山成公担任。

得知惠施离宋去大梁做了客卿，庄周由衷地替朋友感到高兴。但让庄周想不通的是，中山成公贵为国君，怎么居然愿意担任魏相呢？

子綦释疑说："各取所需而已。作为魏国的附属国，中山成公屈尊魏相，是想借魏国的威势，抵御诸侯攻伐，狐假虎威而已。魏惠侯重用中山成公，意在给天下诸侯摆谱，一国的国君甘愿来给我魏惠侯做臣，尔等何足道哉！魏惠侯如此盛气凌人，意在为自己造势，以图争霸天下。"

庄周说："宋桓侯被囚禁于苏宫猪圈，这是何等的奇耻大辱？戴剔成如此无道，就不怕天下人骂他吗？"

子綦说："戴剔成以恶示人，意在告诉宋国臣民，宋桓侯作为一国之君，在他眼里不过是一头蠢猪而已，谁若不服胆敢跳出来与他作对，那下场跟国君做猪相比，恐怕连畜生都休想做得成了。"

庄周说："作恶之徒以恶宣恶，取的是抱薪扑火。人之为人，乃人人心里都保有起码的是非观，是非被故意颠倒，但总有水落石出的那一天。戴剔成这种绝顶聪明之举，必将聪明反被聪明误。"

子綦说："说得好，自古以来，歹人就没有一个落得善终！"

公元前341年，即庄周二十九岁这年，魏国率泗水、淮水流域的十二弱小诸侯，即宋、卫、邹、鲁、藤、薛、郳、莒、费、任、邳、郯十二国，出兵数十万大举攻伐齐国，志在必胜。然齐有孙膑，攻谋伐战神出鬼没，魏率联军连战皆败。大将庞涓、太子魏申战死，主力尽折。

趁魏军惨败于齐，商鞅率秦军伐魏西部，赵国伐魏北部。

见势不妙，以宋为首的各弱小诸侯，兵败叛魏，归附齐国。

征伐结局不堪收拾，魏惠侯唯中山成公是问，中山成公诚惶诚恐,伏地请罪。魏惠侯念在宗亲(中山成公系魏惠侯堂弟)分上,免相撵走了事。

创剧痛深,魏惠侯痛定思痛,欲伐齐报仇,多数大臣习惯于附和魏惠侯,表示赞成。只有客卿惠施当堂坚决反对伐齐,表示当因应时变,万不可意气用事,称"君子报仇,十年不晚",劝魏惠侯与齐偃兵,休养生息,图谋振兴大计,以便日后东山再起。

惠施以国为本,以退为进,考虑周全,魏惠侯尽从其言。

通过考察,魏惠侯看到惠施的确有安邦定国之才,是位难得的人才,足以担当大任,遂郑重任命惠施为相。

在频繁的诸侯攻谋伐战中,庄周迎来了他人生的三十岁。夫唱妇随,鸾凤和鸣。已育二子,长子已五岁,叫庄遍。次子三岁,叫庄咸。因戴剔成穷兵黩武,赋税越发加重,宋国民不聊生。庄周虽做着漆园吏,有俸禄补贴家用,但家中日子每况愈下。父母年事已高,经年忙碌操家持务,双双积劳成疾,平日从事劳动只能勉强为之。

这一年,秦国在商鞅的策动下,大举进攻楚国。楚宣王熊良夫仓促应战,一时难敌秦锐,忧急之下,暴亡。继位者,乃太子熊商,即楚威王。

楚威王年轻气盛,心雄万夫,亲自督阵,奋勇还击,终驱虎狼之秦于域外,楚疆得保。

一日,奉蒙邑县令差遣,庄周前往商丘上交蒙邑漆税。完成差事,庄周心里悠闲多了。返回的路上,庄周有心掏出弹弓打鸟,这样也好弄些鸟肉,让家人沾一沾荤腥。这样边走边打鸟,庄周看见一只奇异的大雀从南方飞来,翅膀往两边展开来足有七尺宽,眼睛大若一寸,这只奇异的大雀翅膀扫过庄子的额头飞过去。

看着这只奇异的大雀，庄周不由发问："这是什么鸟呀？翅膀大却不能远飞，眼睛大视力却不敏锐？"于是提起衣裳快步撵去。庄周尾随大雀追呀追，不觉就追到商丘郊外的雕陵了。

雕陵是历代宋君的殡葬之地，林木茂盛，区域广大，四围设樊篱，有胥吏专门看守，闲人禁止入内。

庄周眼看大雀飞过雕陵的樊篱，因为一心想捉它，庄周顾不得这里是禁区，随后翻越雕陵樊篱，继续追踪。还好，大雀飞入雕陵不久，就停栖在一棵栗树的枝丫上。庄周选好弹弓发射的角度，准备一举射中大雀之头。庄周手执弹弓，正准备瞄准发射时，却见一只蝉躲在树叶的下面，而离蝉不远，正有一只螳螂。螳螂借助栗树枝的掩护，慢慢向蝉靠近。而螳螂的身后，就是那只停栖的大雀。大雀瞅住螳螂，正等待螳螂捕蝉，它好一举两得。岂不知猎人正在树下张弓要猎取它。

看着这一环环相捕的情景，庄周突然想起自己误闯禁地，处境同样不妙。他"哎呀"叫了一声，紧张地回头张望了一眼，扔掉弹弓，掉转头就向雕陵的樊篱处跑去。

庄周跑到樊篱跟前，守陵胥吏正在樊篱外等着他呢。

"你入园偷了什么？"守陵胥吏喝问。

"我追一只黄雀来着，没干什么。"

守陵胥吏不信，怀疑庄周是来踩点，准备行盗墓之事的。最后两个人同时入园，找到那把扔掉的弹弓，庄周才算勉强证明了自己的清白。守陵胥吏看庄周一副文弱书生的样子，问出他是蒙邑漆园吏，看他也确实不像个行窃之贼，将庄周斥骂了一顿，方才放行。

庄周一路唉声叹气回家，整整郁闷了三日。

妻子见庄周从商丘回来之后，整天少言寡语闷闷不乐，就问："你一向安贫乐道，不知愁也不知苦，为何近日你不对劲啦？"

庄周说："我一时糊涂，无端招来一顿羞辱。"

庄周便把一路追大雀的事，向妻子说了一遍。

妻子听后，感到好笑："雕陵禁地，你也敢擅自闯入？"

庄周说："谁让我一时贪心呢，我乃自取其辱。"

妻子说："错就错了，你非成心。再说，守陵胥吏并没跟你过不去呀。"

庄周说："我恼，乃为自己学了半辈子的道，没想到还会见雀忘道，同样经不住利益的诱惑。你知道，我原本虚静而守形，却因要捉大雀而忘却了自身的危险；曾见他人逐利忘形的危险，事到临头，自己却不免同样糊涂。而且我从老聃那里听说：'每到一个地方，就要遵从那里的习惯与禁忌。'可我来到雕陵便忘却了自身的安危，大雀碰上了我的额头，我追到雕陵里时又丧失了自身的真性，守陵胥吏不理解我又进而斥骂我，再怎么说，如此蹚浑水，我可不能饶恕自己。"

庄周觉得，追雀事件发生在自己身上，是自己道行浅薄的表现，深刻表明自己修为不够。

庄周把自己的追雀事件说给老师子綦听。子綦说："人难免执守外物，忘却天道清渊。螳螂捕蝉，大雀在后，奇雀哪里知道庄周要弹射它呢？庄周误闯禁地，同样面临着麻烦呀。"

子綦虽然就事论事，却让庄周再一次感受到羞耻。

是呀，受欲望驱使，人们难免目光短浅，正可谓，"其嗜欲深者，其天机浅"。眼光只盯着面前的既得利益，而顾不得有什么不妥，更顾不得为攫取这份利益所面临的潜在危险。

通过深刻反思，庄周终于看破红尘：如今天下诸侯称雄争霸，攻谋伐战无休无止，岂不就是螳螂捕蝉，黄雀在后？

同样，人存活世间，稍有不慎，就会被自身的欲望奴役，难保真德。

人心不足蛇吞象，随时都会在人世间上演。

三、不堪为吏

公元前 340 年，诸侯相攻甚烈，中原遍地战火。唯我独尊的戴剔成，听从司马憙之言，趁着天下大乱，弑杀了久囚于苏宫猪圈的宋桓侯，篡位自立，即宋剔成君。

因是宗室，戴偃、戴盈、戴不胜重新得到启用。戴剔成一统宋国，司马憙功不可没，被任命为宋相。

南伯子綦几年前的预言得到应验，庄周冷峻审世，不再对宋国抱有希望。

戴剔成弑君篡位，年老的南伯子綦悲时悯世，竟一病不起。

庄周劝解南伯子綦："戴剔成弑君，宋国易位，夫子早已断言，怎么还如此悲伤？何况夫子又并非宋人。"

南伯子綦说："物伤其类，兔死狐悲。天下暴乱，士子无能。悯士子无能，乃士子无能为力呀。"

南伯子綦说得辛酸，庄周悲从中来，竟无语凝噎。

不久，南伯子綦在宋国病逝，享年八十余岁。

临死之前，子綦告诫颜成子游与庄周等弟子："尔等为道，当保

庄子传

真德,若立学,当为天地立言,不可盲从流俗。"

戴剔成篡国以后,劣根尽露,在贪恋女色方面,比宋桓侯有过之而无不及。篡位不及三年,戴剔成只顾在苏宫沉溺于女乐,懒得管理国事。

戴剔成任命戴偃为右师,代己执掌兵权。

戴剔成将国事尽托戴偃、司马憙。

司马憙虽居相国之位,然而实权尽在戴氏宗室大臣手里。司马憙怨恨戴剔成,于是策动掌握一国兵权的戴偃,兵围苏宫,将戴剔成弑君、虐民等倒行逆施告示天下。

因戴剔成在宋国多年积怨太深,戴偃兵围苏宫,朝野上下,无一人站出来支持戴剔成,更别指望有谁来解救了。

作茧自缚,戴剔成唯恐落得宋桓侯同样的下场,寻机逃离苏宫,以亲齐的名分投齐,不曾想,戴偃早已派人到齐国通报了戴剔成的累累罪状,齐视戴剔成为天下大恶,戴剔成入境,齐絷而逐杀之。

戴剔成至齐被絷而逐杀,戴偃篡位,成为宋国新君,即宋君偃。

司马憙谋逐有功,连任宋相。

三年之内,宋国发生两起窃国之事,执黑曰白,搞得国不像国。庄周告知全家,如不是为了养家,漆园吏他早就不想干了,如今宋国乱象丛生,令他无所适从,漆园吏他是非辞不可。父母和妻子理解庄周,均表示同意庄周辞去漆园吏。父母和妻子用蒙邑土语对庄周说:"辞就辞吧,草棵里饿不死瞎眼鹌鹑。"

不久,庄周辞掉了漆园吏,一门心思经营荆园,操持全家生计。

鉴于戴剔成仿效秦国变法,宋国民不聊生,民怨腾起,宋君偃有心实行仁政,不愿走穷兵黩武之路,便重用戴盈、惠盎,在宋国重新推行仁政。

宋君偃这样做，正与司马熹的施政理念相左。不满之下，司马熹强与宋君偃辩争，结果触怒了宋君偃，宋君偃将其贬为右师。

宋相要职，宋君偃任命戴盈担任。

戴盈，字荡，又名盈之，为宋国大儒。

戴盈本着宋君偃施行仁政的理念，重拾兼用儒墨政策，并多方延揽人才，委以重任。

年已三十五岁的庄周，安贫乐道。

宋相戴盈早知庄周师从南伯子綦学道，学问天下一流，屈尊降贵，亲往蒙邑礼聘庄周去商丘从政。

时值庄周身上生疮，便以身有疾患婉言谢绝。

宋相戴盈走后，庄全代表全家，问庄周为何拒绝礼聘？

庄周说："东陈庄有一盗贼，日攘鸡许多，要聘邻居陈四专门为他去市场出售这些偷来的鸡。陈四知道这些鸡来路不明，他接受聘用还是不接受呢？"

庄全说："陈四接受聘用，就成了帮凶。你的意思我明白，戴氏窃取宋国，名不正言不顺，非仁非义，大逆不道。然戴偃逐兄篡位以后，推行仁政，举贤任能，为的就是拨乱反正呀。"

庄周说："但凡人作恶得手后，总要忙于洗白自己，祭出种种善行标榜自己。从种种迹象来看，宋君偃像要做一名仁君了。但不能排除他为掩饰其罪洗白自己。万一他所做的仅为收揽人心，蒙骗世人，如盲目从其聘，岂不等于做了他的帮凶？"

庄全说："'信不足也，有不信也。'且看宋君偃往后怎么个行为。家里就不勉强你出去做官了。"

秋后荆园罢果，相对来说，庄周就清闲多了。

自从南伯子綦去世后，庄周再遇到学问上的问题，就无人能与之讨论了。如不是惠施去了魏国，他倒是一位难得的辩论好手。

惠施其书五车，擅于辞令。他去大梁，谋得客卿后，竟能大展其才，稳坐相位，真是不简单呢。如今惠施在魏国做了这么大的官，自己说什么都应该去贺一贺的。趁着秋后清闲，庄周决定去魏国大梁走一遭，也好见识见识契友惠施做官的排场。

蒙邑距离大梁（今河南开封）说远不远，说近也不近。去会友，不过为的是散心解闷。经年劳作，收入实在有限，仅止于不挨饿受冻，庄周没什么华服，就穿着那身补丁摞补丁的布大衣走进蒙邑驿站。候车时，碰上一些蒙邑街面上的熟人。

人问："庄先生，你要到哪里去呀？"

庄周说："我去大梁看朋友。"

问的人好奇，看庄周一副穷酸相，故意套问："谁呀？值得你这么大老远跑去看他。"

庄周说："惠施呗。"

问话者说："哪个惠施？"

庄周说："当朝大臣惠盎的亲兄弟呀，可有学问了。"

问话者说："惠盎大臣的这位亲兄弟，如今可是魏国的国相哩。"

庄周说："国相不国相我不管，我只认他是惠施。"

此时，驿站催发，庄周摆手乘车而去。

途经商丘，庄周想起已经有多年没去看北郭的那棵巨大的栎树了，也想乘机考察一下如今在宋君偃治下的国都，便在商丘逗留了足足八天。

反正是出来玩，庄周不急着去大梁。

庄周在蒙邑驿站候车时，一个叫盛非的半吊子读书人，知道庄周是个名副其实的大学问家，当他听到庄周与人的对话，觉得庄周言称要去大梁看惠施，必是眼馋惠施做魏相。盛非想自己至今官途无望，投靠无门，于是便以报信为名，到大梁投靠惠施。

在大梁相府里，盛非对惠施说："庄周之来，目的就是想取代你做魏相。"

惠施暗想，庄周虽比自己年龄小许多，但他的学问远在自己之上，一旦庄周游说魏惠侯，在朝廷上展示一番，那还不把魏惠侯迷得什么似的？真到了这一步，自己的相位能不能保住还真不好说。何况庄周辞了漆园吏，现在穷得叮当响。穷则思变呀！

但从庄周的人品上分析，惠施觉得庄周不会如此不堪，也不会做对不起朋友的事。

但一想到自己已有好几年不见庄周了，就庄周的道德人品来说，如今他还真难以把握。因为，人是会变的。

想到后来，惠施最怕庄周背着自己去见魏惠侯，凭庄周的才能，想要取悦魏惠侯拜相，那还不就如探囊取物呀。

惠施越想越后怕，赶紧下令出动相府的一帮卫士，在国都大梁大肆搜索，持续搜索了三天三夜，闹得全城鸡犬不宁。

当庄周优哉游哉来到大梁，听到惠施为保相位，出动人马一连几天都在搜捕他，甚感好笑。

心地坦然天地宽，庄周大摇大摆径直走进相府，去见惠施，不留情面，语带讥刺地说："南方有一种鸟，它的名字叫鹓雏，你知道它吗？那鹓雏从南海起飞到北海去，不是梧桐树不栖息，不是竹子的果实不吃,不是甜美的泉水不喝。在此时猫头鹰拣到一只腐臭的老鼠,鹓雏从它面前飞过,猫头鹰仰头看着,发出一声怒喝:'吓!'如今你也想用你的魏国相位来吓唬我吗?"

一见面,就被远道而来的庄周夹枪带棒地抢白了一顿,羞得惠施恨不得从地上找个裂缝钻进去。

惠施面上虽难堪,但心里悬着的那份担心与后怕也就此烟消云散。

惠施使人叫来盛非,三双眼睛见面,庄周明白了惠施不过是一时误信人言,顿时消了气。

盛非出乖露丑,不等惠施下逐客令,自己就灰溜溜地跑掉了。

庄周此番来,惠施将他留在相府,两人纵论天下大事,畅所欲言,无所不谈。

一晃,半个月过去了,庄周在大梁玩够了,表示要回去。惠施留不住,就派车直接将庄周送回蒙邑。

四、心念故国

因连年战争,魏国元气大损,惠施相魏,与天下偃兵,重与韩、赵修睦,臣事齐、楚。

公元前334年,魏惠侯采用惠施之策,继续屈尊降贵,前往齐国徐州(今山东滕州)准备朝拜齐威王。此乃魏惠侯第三年赴齐行朝拜之事了。

受到朝拜,齐威王第一年欣喜,第二年齐威王心里就高兴不起来了,非但高兴不起来,心里倒犯起嘀咕,忧虑不已。谁知魏惠侯今年又来献殷勤，齐威王由忧虑转为恐惧。

齐威王对齐相田婴说："魏惠侯数败于寡人，损兵折将，太子魏申战死。寡人不敢相信魏惠侯这么快就忘了前仇，甘愿臣事寡人。"

齐相田婴说："或许魏惠侯学越王勾践取麻痹之策，缓图报仇？"

齐威王说："寡人担心的正在于此。"

齐相田婴说："大王的意思，乃不愿接受魏惠侯第三次朝拜？"

齐威王说："对呢。"

齐相田婴说："两国修睦，事情不可搞僵。魏惠侯既然来朝拜，不如做个顺水人情，就势邀请魏惠侯称王，两国平等结盟。"

齐威王认为齐相田婴的建议可行，命其与魏相惠施联络。

由侯称王，魏惠侯喜出望外。

在齐相田婴、魏相惠施的共同主持下，魏惠侯在徐州叛周称王。史称魏惠王。

就此，齐威王、魏惠王平起平坐，分庭抗礼，结为同盟，相约共同伐楚。

楚威王得知魏惠侯在徐州叛周称王，与齐歃血为盟，为了威震中原，杀一儆百，便伐齐徐州。

楚国倾其精锐大举征伐徐州之际，赵军攻伐魏国东部边境，秦军乘势而上，攻伐魏国西部边境。魏惠王以秦、赵伐魏为由，不尊盟约，拒绝出兵援救齐国。

徐州守将申缚倾尽全城兵力，竭力抵御楚攻，最终城陷兵败。

徐州被楚兵攻陷的消息传来，魏惠王大喜，召见群臣说："寡人屈尊三次朝齐，卧薪尝胆，意图他山之攻，楚威王代寡人伐谋，攻陷徐州。寡人总算出了一口恶气！"临末，魏惠王情不自禁表扬惠施：

"不战而屈人之兵,相国了得,果然好计策!"

征伐徐州大胜,楚威王威立天下,意气高昂。

为示庆贺,楚威王宣布大赦。

楚国大赦消息传到宋国蒙邑,庄全狂喜不已,叮咛庄周:"当年我因株连逃避到宋国蒙邑,一躲就是将近五十年,趁着大赦,咱举家返楚归宗,叶落归根!"

父亲正病着,庄周心知年迈的父亲不想客死异乡,当即答应父亲照办。岂料,此次父亲竟一病不起,无药可救。

父亲死后未满一月,母亲周氏因悲伤过度,竟不治而亡。

一月之内连失双亲,庄周和妻子宁氏抱头痛哭不休。

遵照遗嘱,庄周雇来马车,将父母灵柩运回楚国,归葬郢都故里。

归葬父母后,庄氏族长把庄全、庄周,以及庄周的两个儿子的名号,添入族谱。庄全的神主牌位,被列入庄氏宗祠。

在族长的主持下,庄周进入宗祠祭拜列祖列宗。

完了归葬与祭拜事宜,庄周从族人那里,听到楚威王要趁着伐齐大胜,准备发兵大举伐越。

出于故国情怀,心怀大仁,庄周晋见楚威王。

是年,庄周三十八岁,因道深学精名满天下,楚威王早有耳闻,庄周之来,楚威王隆重接待。

楚威王对庄周说:"令尊当年受到株连,避居宋国有年,寡人胜齐大赦,先生即送双亲返楚归葬,寡人感激先生对本王的信任。当初令祖为楚惠王国师,先生家学渊源,今日之来,请不吝赐教!"

庄周直言不讳:"自吴起之后,楚国一心自强,少于天下诸侯争锋,休战数十年。大王伐齐,雄威已立,诸侯不敢来犯,可谓楚疆得保。我听说,大王乘齐之胜,准备发兵伐越,此乃为何?"

楚威王说:"当今天下,取周而代之,唯楚也。今之伐越,吾乃秉先王之志,趁势而为。"

庄周说:"《老子》有言:'夫唯兵者,非君子之器,不祥之器也。不得已而用之,恬淡为上。胜而不美,而美之者,是乐杀人。夫乐杀人者,不可得志于天下矣。'今大王乘胜伐越,窃以为不妥。"

楚威王说:"骄兵必败,这个我懂。寡人用兵,乃取胜而不骄可也。"

庄周说:"吾意乃为与越修睦,共荣共生。"

楚威王说:"依先生之言,寡人若不征伐,何以取天下?"

庄周说:"修善以德,德莅天下,则四夷亲服。四夷亲服,何愁天下不取?"

楚威王说:"当今天下,弱肉强食,秦、齐、赵、魏虎视眈眈,寡人趁势不谋动,岂不坐失天下?"

庄周说:"善有果而已,不敢以取强。果而勿矜,果而勿伐,果而勿骄。果而不得已,果而勿强。物壮则老,是谓不道,不道早已。"

楚威王说:"道理如此,然寡人不敢坐视越国复强耳。"

庄周说:"大王如此好战,我就说个胜亡的故事给您听吧。"

魏武侯之居中山也,问于李克曰:"吴之所以亡者,何也?"

李克对曰:"骤战而骤胜。"

武侯曰:"骤战而骤胜,国家之福也,其独以亡,何故?"

对曰:"骤战则民罢,骤胜则主骄。以骄主使罢民,然而国不亡者，天下少矣。骄则恣，恣则极物；罢则怨，怨则极虑。上下俱极，吴之亡犹晚。此夫差之所以自殁于干隧也。"

引用罢故事，庄周阐发说："古之君民者，仁义以治之，爱利以安之，忠信以导之，务除其灾，思致其福。此五帝三王之所以无敌也。身已终矣，而后世化之如神，其人事审也。"

听了庄周一席话，楚威王欣然说："惟宽可容人，惟厚可载物。这个道理，寡人心中有数。"

庄周趁机进言："'不以兵强天下，其事好还。兵强则不胜。'"

楚威王说："先生卓识远见，所论令人折服。寡人听先生的，就此偃兵，不再伐越。"

会见结束时，楚威王劝庄周留在他身边，辅佐他治理国家。

庄周以妻儿尚在宋国蒙邑为由，谢绝了楚威王的盛情挽留，甘心返回宋国蒙邑过他安贫乐道的清苦生活。

数月之后，闻听楚威王对越重启战端，庄周仰天悲叹："人而无信，不知其可也！"

第四章　为道逍遥

一、拒聘相位

楚伐徐州，魏背盟不救，齐威王怒而伐魏。

面对齐军压境，魏国大臣群起而攻击惠施。盛怒之下，魏惠王唯惠施是问。

面对似乎不可收拾的烂摊子，惠施说，他有办法让齐威王退兵。

魏惠王按照惠施之部署，遣使至齐拜见齐国政卿大夫淳于髡，进献玉璧一双，文马二乘，淳于髡笑纳重礼，答应魏国遣使劝说齐威王停止伐魏。

淳于髡善辩，向齐威王陈说魏惠王不出兵救徐州之理由。

齐威王说："魏惠王既然与寡人歃血为盟，为何背盟失信？"

淳于髡说："秦、赵伐魏，魏惠王自身难保，虽知齐遭不测，有心出兵相救，但心有余而力不足。大王抱怨魏惠王不救，那么反过来魏惠王不能抱怨大王不出兵救魏吗？退一步说，大王坚持伐魏，势必背盟失信，如此无信无义，今后诸侯谁还愿意来朝齐呢？"

淳于髡言之有理，终于消解了齐威王对魏的怨怒。

齐威王对淳于髡说："伐魏将失信于天下，寡人可不愿背这口黑锅。"

齐威王于是发布停止伐魏的撤兵令。

惠施成功化解兵祸,魏惠王愈加信任惠施。

庄周三十九岁这年,中原大旱。宋国大面积受灾,饥荒严重。

为达到取信于民之目的,宋相戴盈说服宋君偃,开仓赈济饥民。

宋君偃推行仁政有些年头了,自诩是个仁君,趁着赈灾,打扮成布衣百姓下去私访,拐弯抹角打探老百姓对自己的评价,结果发现老百姓并不爱戴他。回朝后,宋君偃召问群臣他推仁而不得好报的原因。

于是群臣七嘴八舌指出自己所认为的弊端所在。

宋相戴盈说:"主公的仁政注重于治标,诸如奖励孝道、赈济布施等,戴剔成当年设置的重税,一直照搬实行,民不堪其重,当然不能指望施点小恩惠就可以得到老百姓感恩。依我看,主公取信于民之方,推行减税可也。"

主张推爱于民的惠盎,附和说:"宋桓侯时期,一直实行轻税,主公若能听从相国之言,推行减税,何愁赢不来宋民的爱戴?"

宋君偃于是尽废戴剔成时期的所有重税,恢复宋桓侯时期的轻税。

司马憙认为戴盈、惠盎的言论是弱宋的主张,奉劝宋君偃万不可听儒墨迂阔之谈。

宋君偃对司马憙说:"你主张变法这么多年,未见国强,反倒让寡人失信于民!"

一怒之下,宋君偃刖了司马憙一足,罢其官职,右师职位由惠盎担任。

宋君偃的减税行动，犹如春光普照，宋民立刻就有受到恩泽的感觉。荆园的赋税由多年沉重的什二税恢复到什一税。但因入不敷出，庄周自楚归葬父母回来，与妻子合计后，就卖掉了城外的荆园与宅子，迁居到蒙邑城内叫做仓巷街的窄巷巷底，与开陶匠铺的蔺氏做了邻居。

　　庄周夫妇没什么手艺，就靠织屦织布维持生计。卖屦清淡的季节，庄周就去濮水垂钓，钓到鱼就拿到市场上出售，以补贴家用。

　　楚威王重启战端，伐越大胜之后，怎么都觉得自己无法面对庄周。

　　有一晚，楚威王梦见庄周对他说："大王放着光明正大的道路不走，偏偏欺负弱小的越国，如此不仁不义，将来何以取信于天下？"

　　取越，对于楚威王来说，不过是探囊取物而已。图霸天下，楚威王觉得自己如能得到庄周辅佐，这个愿望就不难实现。

　　经过慎重考虑，楚威王决定聘请庄周为相。

　　按国礼，楚威王隆重派遣两位大夫，携带千金贺礼，前往宋国蒙邑礼聘庄周。

　　两位煊赫的楚大夫，驾着马车到达蒙邑，几番寻找，才问到庄周住在仓巷街的巷底。可是马车无法驶入仓巷街的窄巷。两位大夫只好下车步行。在街人的指点下，两位大夫找到庄周家那低矮的茅草房。

　　庄周不在，只有庄周的妻子宁氏在家织布。

　　两位楚大夫告诉庄周的妻子宁氏，他们千里迢迢而来，是奉楚威王之命，特来聘请庄周回楚做相。

　　宁氏听后，并没有表现出应有的惊喜。因为，每每说起楚国，庄周总说楚威王言而无信，是个斤斤计较之人，干不成什么大事。

宁氏告诉两位楚大夫："不巧得很，庄周出门会友去了。"

"到哪里会友了？我们去请。"两位楚大夫赶忙声明说。

宁氏说："他的朋友到处都有，我可不知道他去了哪里。"

两位楚大夫找到一家旅店住下来，一连等了三天，都没等到庄周的消息。第四天，两位楚大夫上门问询，宁氏告诉他们，庄周昨夜回来了，但一早就携竿去濮水钓鱼去了。宁氏看两位楚大夫等得辛苦，知道他们不见到庄周是不会走的，就喊来长子庄遍，让庄遍带路，带两位楚大夫去濮水找庄周。

沿一条官道到达濮水岸头，因为濮水岸上无路，两位楚大夫只好下马车跟着庄遍徒步沿岸去找。找了半天，终于找到了正在专心垂钓的庄周。

庄遍快步跑到庄周跟前，说："爹，楚国来了两个大官找你。"

庄周似乎聋了似的，对长子的话毫无反应。

两位楚大夫挺识相，绕到下风口，趋步上前，躬身行礼，说道："我们特奉大王之命，从楚国专门赶来，敬奉千金，恭请先生随我们一道回郢都，大王要以国事劳累先生！"

庄周坐在岸边，手持钓竿，头也不回，说："我听说楚国有一只神龟，已经死了三千年了，楚王用竹箱装着它，用巾饰覆盖着它，珍藏在太庙明堂里。对这只神龟，它是宁愿死后留下骨骸而显示尊贵呢，还是宁愿活着在泥水里拖着尾巴爬行呢？"

两位楚大夫说："宁愿拖着尾巴活在泥水里。"

庄周说："你们请回吧！我也将学此龟，宁可拖着尾巴生活在泥水里。"

两位楚大夫怕回去交不了差，靦着脸，继续找理由劝庄周。

庄周说："你们去吧，不要污辱我，我不会为国事所羁，我决心终身不仕，以快我的志向啊！"

两位楚大夫无计可施，实在没有办法了，失望而归。

携千金而请不动庄周，楚威王眉头打皱："你们怎么说的？没怠慢庄先生吧？"

两位楚大夫说："我们恭敬还来不及，哪敢有丝毫怠慢。"就将前后寻求庄周的经过说了一遍。

楚威王感慨万千道："寡人曾听说古今都有不求富贵的贤人，古之不求富贵的贤人寡人知道不少，今之不求富贵的贤人，寡人仅遇到庄先生！"

庄周拒聘楚国相位的事轰传出去，作为近邻，蔺陶匠登门问庄周："千金，重利也；卿相，尊位也。先生家日子并不见富裕，为何拒聘？"

庄周说："我讲个故事给你听吧，从前，河上有一个家境贫穷靠编织苇席为生的人家，他的儿子潜入深渊，得到一枚价值千金的宝珠，父亲对儿子说：'拿过石块来锤坏这颗宝珠！价值千金的宝珠，必定出自深深的潭底黑龙的下巴下面，你能轻易地获得这样的宝珠，一定是正赶上黑龙睡着了。倘若黑龙醒过来，你还想活着回来吗？'"

蔺陶匠说："据我所知，楚威王乃深怀诚意隆重来礼聘你，怎么能有危险呢？"

庄周说："如今天下征伐不休，楚威王欲图天下，我应其相位，若逆其意而不听使唤，会有什么后果？"

蔺陶匠说："我懂你的意思了,伴君如伴虎,危险着呢。"

庄周说:"仰人鼻息,与做牺牲有什么两样呢?你见过那准备用作祭祀的牺牛吧?给它吃草料和豆子,把它喂养长大,然后用织有花纹的锦绣披着,等到牵着进入太庙杀掉用于祭祀,就是想要做个没人看顾的小牛,难道还有可能吗?"

蔺陶匠大摇其头,感慨地说:"去做官,保不齐会遭受牺牲之虞,不如安安泰泰过自己的穷日子为好。"

庄周赞许地说:"富贵如浮云,唯洁身自好方可安生耳!"

二、蔺且拜师

一晃,庄周迎来了人生的四十岁。家中生计主要靠夫妇织屦织布。虽不富裕,倒也能顾上温饱。

一日,临近罢市,庄周售完草鞋,回来路过蔺氏陶匠铺,看见蔺氏父子正在用陶泥制作人首,甚觉奇怪。经问,才明白了这是怎么一回事。

原来,魏与秦战,魏军又被斩首八万。魏人讲究下葬落个全尸,所以,凡被战死的无首士兵,下葬时都要装上人造之头。因数量巨大,魏国制陶者有限,实在忙不及,只好分给蒙邑蔺陶氏一定的数量,让其一块赶制。

蔺陶匠的儿子蔺且问庄周:"中原人打仗,杀敌不过以割耳记功,秦军为何一向杀敌割头?"

庄周问蔺且:"你知道首级的由来吗?"

蔺且摇头。

庄周说:"此乃商鞅变法的一大创举,以斩首记功,少斩少奖,多斩多奖。为能鼓励秦军奋勇杀敌,商鞅设定了军爵,斩敌一首,晋爵一级,斩敌二首,晋爵二级,以此类推,斩首越多,晋爵越高。晋爵越高,奖励就越高。此即为首级。"

蔺且说:"我听说,秦军斩首不光斩敌兵,还斩民首冒充军功,不管民首、兵首,只要斩来,就给记功。"

庄周说:"此之谓商鞅厉害之处——推行杀光政策。不管敌兵、平民,得手就斩首,以血腥野蛮制造威慑力量,让敌国放弃抵抗。"

蔺且说:"秦军如此阴损毒辣,中原各国为何不效法商鞅用兵之策?"

庄周说:"中原乃文明发祥地,干不出此等遭天谴的勾当。商鞅终被秦惠君车裂,诛灭三族,就与他极力推行苛政,为人穷凶极恶有关。"

蔺且说:"商鞅之于秦国,居功至伟,下场如此悲惨,究竟为何?"

庄周向蔺且娓娓道来——

商鞅驱使秦国作虎狼,赵国大贤赵良看不惯商鞅痞性,特从赵国亲赴秦国,面见商鞅。商鞅以为赵良是来投奔自己的,甚为高兴,就问赵良愿意在秦国做个什么官。

赵良直言不讳地说:"我来秦国,可不想图什么官位,只不过想跟相国说道说道治国之理。"

商鞅说:"先生有何高见,请不吝赐教!"

赵良说:"相国为秦理政,严刑峻法,尽施否术,力扰天下,你不觉得可怕吗?"

商鞅说:"为政一方,强大其国,不施手段,何以立威见效？先生应该能看到，我来之前的秦国什么样，现在呢？——国强兵锐，已远远超过了百里奚治秦。"

赵良说："百里奚以善治秦，而你呢，痞性十足，以恶乱秦。倘若秦国一旦有变，相国何以自保？"

忠言逆耳，惹恼了商鞅，赵良即刻被驱逐出相府。

赵良讽谏商鞅五个月之后，秦孝公嬴渠死了。

继位的乃太子嬴驷，即秦惠君。

秦孝公一死，原来那些被商鞅整惨了的朝中大臣，纷纷上朝向秦惠君诬告商鞅谋反。

因商鞅功高盖主，阴痞毒辣，秦国臣民衔恨，秦惠君担心继续留用商鞅，将是自己执政的障碍，于是以其误国无状，下令逮捕，结局令人不齿。

商鞅的下场，蔺且为之拍手称快。

蔺且说："商鞅即除，秦孝公为何不学好一点呢？为何不废商鞅之法？"

庄周说："秦孝公比秦惠君更有野心，必欲图霸逞其志，走的依旧为野蛮的施政、攻伐之路。比之为洪水猛兽并不为过。"

蔺且说："文明遭遇野蛮，难道文明就没办法对付野蛮了吗？"

庄周说："文明讲理，野蛮不讲理；文明犹如一头绵羊，野蛮犹如一头恶狼，绵羊遭遇恶狼会怎么样？"

蔺且说："只能被吃。如此说来，文明的中原终将会被野蛮的秦国取代？"

庄周哀叹一声，说："迟早而已！"

与庄周对话，让蔺且长了不少见识。听父亲说，庄先生的人品、学识天下一流,为道学的集大成者。庄周平易近人,蔺且很喜欢接触庄周。且每每接触庄周,蔺且总会在对事物的认识上得到一番启迪,或在心智上受益。

一天,蔺且对父亲说,他不光想学制陶之技,还想跟庄先生学习老聃之道。

蔺陶匠说:"好哇,你今年十一岁了,学制陶已有四年了,基本套路你也懂了,我这就备上贺礼,带你拜庄先生为师。"

从此,蔺且成为庄周的开门弟子。

魏人张仪四十八岁时,求仕母邦不被见用,至楚,凭口才受到楚相昭阳重用。楚相昭阳身边的门客,被新来的张仪挤兑下去,于是挟嫌报复,偷来昭阳玉璧栽赃张仪,张仪有口难辩,遭受廷杖后出逃。秦国商鞅被诛杀之后,张仪恃才赴秦,廷对秦相公孙衍。

张仪说:"对付中原,举兵征伐固然可行,但冲锋陷阵,自己总免不了遭受伤亡,与其兴师动众,付出代价取胜,不如坐山观虎斗。"

公孙衍说:"说得轻巧,中原列国凭什么肯自相残杀?"

张仪张嘴伸出舌头,用手指着说:"就凭这个,它能挑动中原互战互杀,互相消耗实力。"

公孙衍说:"取鹬蚌相争,渔翁得利之势?"

张仪点头称是。

公孙衍说:"然操作起来实难。"

秦惠君认为张仪用兵思路新鲜,技高一筹,挑起中原列国互攻,致其相互削弱,是强大秦军、保存秦军实力的有效策略。

因张仪之策更适宜于秦国今后谋战,秦惠君遂免公孙衍,改任张仪为相。

公孙衍被张仪凭口才夺相,怒而离秦。至魏,魏惠王放弃前嫌,命其为将。

公元前329年,即庄周四十一岁这年,楚威王熊商死了。

三十岁的太子熊槐继位,即楚怀王。

趁着楚怀王正在为父服丧,张仪策动秦、魏联军谋楚。

此举,张仪意在驱魏伐楚。秦助魏伐楚,魏胜楚得地,必将感激于秦,今后不会与秦作对。魏败,免不了消耗兵力,有利于秦。

秦惠君认为此策甚好,亲会魏惠王,许诺派一万兵卒助魏伐楚。

秦惠君说:"敝国助伐,如能胜楚,贵国何以回报?"

魏惠王说:"若胜,魏割让上洛(今地不详)给秦。"

不日,秦出兵助魏伐楚。

楚军猝不及防,兵败,魏国尽得楚地陉山(今河南漯河东)。

秦惠君向魏惠王要其所承诺的上洛。

公孙衍对魏惠王说:"割地非祥。"

魏惠王正后悔自己信口许诺,拒不兑现割让上洛。

秦惠君不曾想魏惠王胆敢食言,准备以武力还击。

管浅献计秦惠君:秦、楚结盟,共同伐魏。

楚怀王兵败失地,巴不得与强秦联手,借力伐魏。于是宣布会见秦惠君。

魏惠王闻讯,被迫以割让上洛给秦,这才免遭被伐。

秦惠君感激楚怀王积极配合他演戏,轻易取魏上洛,请求与楚通婚。

楚怀王巴不得与强秦联姻,于是选取宗室美女嫁给秦惠君。

庄周静观楚国动态,不置可否。

第四章　为道逍遥

103

三、悠游岁月

庄周四十一岁，收蔺且为徒。

因为家境大不如从前，宁氏担心两个儿子的前程，让庄周拿主意。该年，长子庄遍十六岁，二儿子也十三岁了。

庄周说："天下战乱纷纷，一家人团团圆圆生活不易。求学虽有出路，将来可以出仕什么的，但得适人之适，役人之役。'己所不欲，勿施于人。'我自己不愿出仕，也不想让两个孩子蹚这人世间的浑水。依我看，不如让两个孩子跟蔺陶匠学陶，这好歹为一门手艺。学成了可以自立门户。"

宁氏赞成："陶器乃为日常用品，家家户户用得着，学陶可行。"

于是，庄周找到蔺陶匠，让两个儿子拜蔺陶匠为师，学习制陶技艺。

公元前328年，宋君偃不顾宋相戴盈等一帮务实的大臣反对，叛周称王，成为齐威王、魏惠王之后第三个叛周称王的战国诸侯，史称宋康王。

因戴盈极力反对叛周称王，宋君偃罢免戴盈，改任支持自己叛周称王的唐鞅为相国。

受秦相张仪摆布，魏惠王尽失河西之地于秦，又割河东之地向秦求和。魏惠王虽不满宋君偃叛周称王，但因自顾不暇，听任宋君偃称王。

齐威王、楚怀王不能容忍一个弱小的宋国称王，立刻出兵惩宋。

宋康王难以招架齐、楚进犯，只得割地求和，假称取消王号。

齐、楚分得割地，予以退兵。

宋康王为能在列国面前冠冕堂皇地称王，问计于群臣。

唐鞅说："无他，唯有图强而已。"

于是群臣纷纷发表图强言论，大多进言宋康王当进一步推行仁政，以获臣民拥戴。

唐鞅说："推行仁政固然可行，然大王称雄于诸侯，必须得有足够强大的武力，随时随地能出兵御敌，或出兵外战。武力强，靠国强，国强靠国富。照如今的政策，推行仁政，只能藏富于民不能富国。若要富国，必须以刑治国，放弃仁政，推行严刑峻法。"

田不礼附和说："称雄诸侯，实靠武力。大王讲仁义，即使能获得诸侯好感，但免不了被动挨打的局面。大王去年称王后的遭遇，可谓教训深刻。若宋兵强，量齐、楚不敢来犯。如今何况大王乃为假称取消王号，齐、楚一旦得知真情，宋将再次被伐。如今之计，大王必须以最快的速度实现富国强兵。"

宋康王问田不礼："计将安出？"

田不礼说："方法现成，恢复剔成君的什二税。"

宋康王于是恢复剔成君时期的严刑峻法，废除宋桓侯的什一税，重新推行什二税。

惠盎进谏："宋国乃中原小国，倘全民充军，全力备战，能抵齐御楚吗？保存图强，乃以非攻为宜。唐鞅、田不礼之言，实为乱我宋国，大王不可听信！"

宋康王不听，罢免惠盎右师。

从此，宋康王放弃仁政，实行暴政。

公元前 325 年，秦惠君叛周称王，史称秦惠王。

天下如此乱象，庄周懒得操心，也操心不了。

除了忙于生计，庄周专心授徒、修道，空闲时即悠游、交友，自适其适，自在为是。

这一天，庄周又去濮水垂钓。垂钓回来，想起好久不见子桑了，就拐到子桑处探望。

子桑仍旧天天漂洗麻絮，忙得不亦乐乎。

子桑对庄周说："我最近交上四位出世脱俗的朋友，他们特别景仰先生你，希望得见！"

庄周说："那感情好，请引我认识你的这四位朋友吧。说来听听，他们有我认识的吗？"

子桑说："这四位朋友分别叫子祀、子舆、子来、子犁。"

在子桑的引领下，庄周拜识了子祀、子舆、子来、子犁。

子祀、子舆、子犁、子来虽说都一把年纪了，但他们都像老小孩，特别天真。

四个人告诉庄周，他们四人在一块常常谈论不休，能聊到一块成为朋友，全凭志趣相投。当初，他们说："谁能够把无当作头颅，把生当作脊梁，把死当作尾骨；谁能够通晓生死存亡乃为一体，我们就跟他交朋友。"四个人都会心地相视而笑，心意投合，于是相互交往成为朋友。

见识到真正的世间真人，庄周别提有多开心了。

此后，庄周没事就常往这四位新交的朋友那里去。

一天，子犁告诉庄周一件事，是关于子舆生病，子祀前去看望的事。

子舆生了病，子祀前去探望他。子舆说："伟大啊，造物者！把我变成这样一个伛曲着身子的人啊!"子舆腰弯背驼,五脏穴口朝上,面颊隐藏在肚脐之下,肩部高过头顶,弯曲的颈椎形如赘瘤朝天隆起。阴阳二气不调和酿成如此灾害,可是子舆的心里十分闲逸,好像没有生病似的。他步履蹒跚地来到井边对着井水照看自己,说:"哎呀,造物者竟把我变成这样一副伛曲着身子的样子啊!"

子祀说:"你讨厌现在自己变成这副样子吗?"

子舆说:"不,我怎么会讨厌这副样子?假使造物者把我的左臂变成鸡,我就用它来司夜报晓;假使造物者把我的右臂变成弹弓,我就用它来打斑鸠烤熟了吃;假使造物者把我的屁股变化成为车轮,把我的精神变化成骏马,我就用来乘坐,难道还要更换别的车马吗?至于生命的获得,是因为适时;生命的丧失,是因为顺应。安于适时而处之顺应,悲哀和欢乐都不会侵入心房。这就是古人所说的解脱了倒悬之苦,然不能自我解脱的原因,则为受到了外物的束缚。况且事物的变化不能超越自然的力量已经很久很久,我又怎么能厌恶自己现在的变化呢?"

不久子来也生了病,气喘吁吁,将要死去,他的妻子儿女围在床前哭泣。庄周闻讯赶来,看到子犁站在子来的病床前,对子来的妻子、儿女们说:"嘿,走开!不要惊扰他由生而死的变化!"说着,子犁走开,倚着门框对子来说:"伟大啊,造物者!又将把你变为何物呢?要把你送到何处去呢?要把你变化成老鼠的肝脏吗?要把你变化成虫蚁的臂膀吗?"

子来说:"父母对于子女,无论到东西南北,他们都要听从父母的吩咐调遣。自然的变化对于人,则不啻父母。它使我靠拢死亡而我却不听从,那么我就太蛮横了,而它有什么过错呢?大地把我的形体托载，用生存来劳苦我，用衰老来闲适我，用死亡来安息我，所以把我的存在看作好事，也因此可以把我的死亡看作好事。现在如果有一个高超的冶炼工匠铸造金属器皿，那金属跳跃起来说：'一定要把我铸成莫邪宝剑！'冶炼工匠必定认为此为不祥的金属。现在造化一旦造出一个人的形体，这个人就说：'我成人啦！我成人啦！'造化者一定会认为这是不祥的人。现在把浑然一体的天地当作大熔炉，把造化当作高超的冶炼工匠，往哪里去而不可以呢？"子来说完，酣然入睡，一会儿又自在地醒来。

后来，子犁告诉了庄周有关得道高人子桑户、孟子反、子琴张的一些逸闻。

子桑户、孟子反、子琴张三人在一起谈话，说道："谁能够相互交往于无心交往之中，相互有所帮助却像没有帮助一样？谁能登上高天巡游云雾，循环升登于无穷的太空，忘掉自己的存在，而永远没有终结和穷尽？"三人会心地相视而笑，心心相印，于是相互结成好友。

过不多久，子桑户死了，还没有下葬。孔子听到了这事，派弟子子贡前去帮助料理丧事。子贡看见孟子反和子琴张却一个在编曲，一个在弹琴，相互应和着唱歌："哎呀，子桑户啊！哎呀，子桑户啊！你已经返归本真，可是我们还成为活着的人而托载形骸呀！"子贡听了快步走到他们近前，说："我冒昧地请教，对着死人的尸体唱歌，这合乎礼仪吗？"

二人相视笑了笑，不屑地说："这种人怎么会懂得'礼'的真实含义？"

子贡回去后,把见到的情况告诉给孔子,说:"他们都为什么是这样的人呢? 修养德行却不讲礼仪,而把自身的形骸置之度外,面对着尸体唱歌,脸色不变,真没有什么办法可以用来形容他们。他们究竟为什么是这样的人呢?"

　　孔子说:"他们乃为摆脱礼仪约束而逍遥于人世之外的人,而我们却是生活在具体的世俗环境中的人。人世之外和人世之内彼此不相干涉,可是我却让你前去吊唁,我实在是浅薄呀! 他们正跟造物者结为伴侣,而逍遥于天地浑一的元气之中。他们把人的生命看作赘瘤一样多余,他们把人的死亡看作毒痈化脓后的溃破,像这样的人,又怎么会顾及死生优劣的存在? 凭借于各各不同的物类,但最终寄托于同一的整体中;忘掉了内在的肝胆,也忘掉了体外的耳目;让生死随着自然而反复循环,但从不知道它们的头绪;无所牵系地神游于尘世之外,逍遥在自然无为的境地。他们又怎么会烦乱地去炮制世俗的礼仪,而故意炫耀于众人的耳目之前呢?"

　　子贡说:"如此,那么先生将遵循什么准则呢?"

　　孔子说:"我孔丘,乃苍天所惩罚的人。即使这样,我仍将跟你们一道去竭力追求至高无上的'道'。"

　　子贡问:"请问追求'道'的方法。"

　　孔子回答:"鱼儿相互寻找水源,人们相互向往大道。相互寻找水源的,挖个池子来供养;相互向往大道的,泰然无事而心性平适。所以说:'鱼相忘于江湖里,人相忘于道术中。'"

子贡说:"请问与众不同的'畸人'当为什么样的人?"

孔子回答:"所谓'畸人',就是不同于世俗而又等同于自然的人。所以说:'大自然的小人就是人世间的君子;人世间的君子就是大自然的小人。'"

庄周把子犁所述记录下来,后来著书,直接写进《大宗师》里,以快己志。

四、魏王讥贫

因勘破天下攻伐不休,无有宁日。庄周继续悠游从事。

公元前 323 年,庄周游魏,住在惠施的相府。

庄周游魏,时值五国相王。

五国相王,乃为魏、韩、赵、燕、中山五国诸侯应公孙衍之约,齐聚魏都大梁会盟,举行叛周称王的大会。

作为五国相王的盟主,相王大会一毕,魏惠王为报齐威王破魏杀子之仇,要派遣勇士,前往齐国刺杀齐威王。

公孙衍等大臣附和魏惠王,说什么此仇不报,更待何时?

魏惠王做了五国相王的盟主,嚣张之下,所以要报杀子之仇。惠施、子华子等忠义大臣明白,魏惠王此举纯属意气用事,趁机谏阻。

魏惠王不听进谏,准备一意孤行。

作为相国,惠施担心魏惠王刺杀之举,会牵一发而动全身,导致小不忍而乱了大谋。忧虑之际,惠施想到了契友庄周。尽管惠施清楚,契友庄周一向不肯掺和政事,但事出紧急,只好恳请庄周出面,想让庄周帮他一把。

听惠施说了魏惠王欲派人行刺的利害关系，庄周叹息之下，答应惠施去见魏惠王。

庄周身穿打上不少补丁的粗布衣，并用布带子拦腰扎住；脚上的草鞋有些破烂，几乎是用麻绳捆在脚上的。

乍见之下，魏惠王不敢相信这就是名重天下的庄周，不由冲口说道："先生乃为天下大贤，为何如此疲惫呀？"

庄周说："我乃贫穷，不为疲惫。士人身怀道德而不能够推行，才为疲惫；衣破鞋烂，乃为贫穷，而非疲惫。这种情况当为所谓的生不逢时。大王没有看见过那善于跳跃的猿猴吗？它们活动于楠、梓、豫、樟树等高大乔木的树林里时，抓住藤蔓似的小树枝自由自在地跳跃而称王称霸，即便是神箭手如后羿、逢蒙也不敢小看它们。可等到它们一旦处于多刺的柘、棘、枳、枸等灌木丛中，只好小心翼翼地行走，行动相当谨慎，而且不时地左顾右盼，内心震颤恐惧，以至于发抖不停。这并不是此时由于过度紧张而使筋骨不再灵活，而是因为所处的环境不利，不足以施展它的本领了。如今我身处主上昏庸、宰臣乱国的世道，怎么可能不贫穷呢？我所处的这种现实，与忠心耿耿的比干惨遭刑戮被剖心又有什么分别呢？"

话不中听，魏惠王面露不悦之色，因为庄周是闻名天下的才士，才忍住了怒气。

魏惠王说："据寡人所知，楚威王遣使携千金到宋国礼聘先生出任相国，而先生竟弃相位如敝屣，毫不足惜！"

庄周说："应了楚威王之聘，我就会丧失自我了。"

魏惠王说："怎么会呢？以先生之才，正可施展济世的抱负呀。"

庄周莞尔一笑,说:"我倒想济世,无时不在巴望能够济世。但楚威王聘我,不过为了能够搭乘一匹善跑的马而已。"

为了让魏惠王明白自己所说的心意,庄周略一沉吟,就给魏惠王说了一个伯乐驯马的故事。

马,天生素质优良,它的蹄子可以践踏霜雪,它的皮毛可以抵御风寒。吃草喝水,炮蹶子撒欢,这才是马的真性情。纵使有豪华的宫殿和宽大的高台,对于马来说也毫无用处。

但是由于伯乐的出现,马的境况就完全改变了。伯乐曾因善于识别千里马而闻名于世,后又从事驯服马的行当,不久又成了远近闻名的驯马高手。

伯乐驯马的办法很多,马只要到了他的手里他就要采取烙、饿、打、困的方法把马治服。所谓"烙",就是为了把马的天生气势打下去,就用烧得火红火红的烙铁烙马,马被烙得遍体鳞伤,没了气力,然后修剪马毛,铲削马掌,烙上印号。这样经过驯治,十分之二三的马就要死掉了。所谓"饿",就是为了训练马的耐力,饿了不让马吃,渴了不让马喝。所谓"打",就是为了调整马的奔跑速度和技巧,便时快时慢地控制它,用鞭子狠狠抽打,使马按照人的意图行进。所谓"困",就是在马受了这些折磨以后,再把马关在马厩里,长期困乏它。经过伯乐的驯治,马被活活整死的,就有一半以上。

制陶工匠说:"我最善于整治黏土,我用黏土制成的器皿,圆的合乎圆规,方的应于角尺。"木匠说:"我最善于整治木材,我用木材制成的器皿,能使弯曲的合于钩弧的要求,笔直的跟墨线吻合。"黏土和木材的本性难道就是希望去迎合圆规、角尺、钩弧、墨线吗?

然而(我们)还世世代代地称赞他们说:"伯乐善于管理马,而陶匠、木匠善于整治黏土和木材。"这也就是治理天下的人所犯的过错呀。

马生活在陆地上,吃草饮水,高兴时它们就交颈相互摩擦,表示亲爱;愤怒时,就背对背,互相踢蹋。马所知晓的就只是这样了。等到后来把驾马的横木加在马的身上,用遮眼的东西加在马的头上,这样一来,马就懂得斜视御者不肯前行,曲颈不伸,欲脱其扼,甚至猛戾抵突,吐衔窃辔,而不驯服。如此一来,使马失去了它们的本性,以致行动诡诈,几近于盗贼,此乃伯乐驯马造成的恶果!

魏惠王听了,默然无语。

庄周看到魏惠王似有所悟,转而问道:"大王知道蜗牛吗?"

魏惠王说:"知道。"

庄周说:"有个国家在蜗牛的左角,名字叫触氏;有个国家在蜗牛的右角,名字叫蛮氏,正相互为争夺土地而打仗,倒下的尸体数也数不清,追赶打败的一方花去整整十五天方才撤兵而回。"

魏惠王说:"咦,那都是虚妄的言论吧?"

庄周说:"让我为你证实这些话。你认为四方与上下有尽头吗?"

魏惠王说:"没有止境。"

庄周说:"知道使自己的思想在无穷的境域里遨游,却又返身于人迹所至的狭小的生活范围,这狭小的生活范围处在无穷的境域里恐怕就像若存若失一样吧?"

魏惠王说:"是的。"

庄周又说:"在这人迹所至的狭小的生活范围内有一个魏国,在魏国中有一个大梁城,在大梁城里有你魏惠王。大王与那蛮氏相比,有区别吗?"

魏惠王回答说:"没有。"

庄周不再多说什么,告辞而出。

眼看庄周离去,魏惠王怅然若失。

魏惠王召见惠施,对惠施说:"庄先生真是个了不起的至人,圣人不足以和他相提并论。寡人决定放弃派人行刺之事。"

向魏惠王引见庄周的目的达到了,惠施心里说不出的高兴。

惠施不无夸耀地对魏惠王说:"吹起竹管,就会有嘟嘟的响声;吹着剑首的环孔,只会有丝丝的声音罢了。尧与舜,都是人们所赞誉的圣人;在庄周面前称赞尧与舜,就好比那微弱的丝丝之声罢了。"

庄子传

第五章　安贫乐道

一、东郭子问道

庄周出游自大梁回到蒙邑。宁氏告诉庄周,有位叫东郭子的老汉,曾来找他三次了。

庄周问:"找我有事?"

宁氏说:"我问他了,他说没事,就是想找你聊聊。"

过了不久,东郭子又来了。

当时,庄周织屦织了半天,就靠在家中的西山墙看天,权当休息。

庄周极目张望,天空深邃无比。

此刻,庄周怀疑绿野被搬到了天幕上,不然天空怎么会那么青碧呢?青碧幽深,水洗一般光亮。

太阳在青碧幽深的南空里浮着,金光四射,像贵妇人一样仪态万方。当然,庄周当时并不对贵妇人似的太阳感兴趣。庄周把目光举向穹窿,想穿透漫天里清亮的青碧。但漫天的青碧太幽深了,无论庄周怎样努力,目光也扎不进青碧的深处,只能是浮光掠影地在青碧的表面上滑动。如同水面,庄周目光所及,在天空里留不下一丝痕迹。

风，和云一样，此时不知在何处闲游；也没有声音，听不到一丝鸟鸣。当然，真有轻微的天籁之音充盈天体，抑或是大地，庄周也未必成心捕捉。

穹窿如此静好，漂洗一样干净，就像平静无波的河面，呈现出质地柔丽的大美。

庄周倚墙而立，沐浴在阳光里，眼眼半眯半睁，始终仰举着，一副倾心消受的姿态。

"敢问，您就是人们常说的庄周先生吧？"

专注天宇的庄周，忽然听到身侧有人在跟他说话，赶紧把目光从天上收回来，但见一位皤然白发的老翁正拄着拐杖立在一旁，样子和气恭敬。

"不敢，不敢，在下便是。"庄周礼貌作答，"我眼拙，敢问您是……？"

"东郭子，东郭寨的。"

"东郭寨在陈仙桥东南。"庄周顺口说。

东郭子见庄周平易近人，近前施礼道："我是特来向庄先生您请教'道'的。鄙人不才，没事时，也曾就'道'琢磨来着，一时觉得明白，回头细究，脑子里又是一盆糨浆了。"

庄周不觉莞尔："老聃说，'道'可道，非常'道'。"

"然而，'道'究竟是个啥？"东郭子皱起眉头问。

"夫'道'，规律也——自然之规律。"

"总得有所指吧？我今天特地来拜访您，就是想请教一下，你们道家常说的这个'道'，究竟在哪里呀？"

"'道'无所不在,遍地皆有。"

"哎哟,我咋越听越玄乎? 还请庄先生明白指点一番。"

"远的不说,大家常见的蝼蛄和蚂蚁身上就有'道'。"

"这怎么可能? 蝼蛄和蚂蚁充其量不过是地上的爬爬虫而已。"东郭子被惊得拄着拐杖耸了一下身子,"煌煌大道,怎么会如此卑下?"

东郭子的反应,明白地告诉庄周,这位老翁并非懂"道"之人,自己有必要开导他。

"不瞒老伯您说,秭稗里同样有'道'。"

东郭子眉头拧了几拧,欲开口,嘴唇不禁哆嗦起来,吭吭哧哧地说:"咦呀,蝼蛄蚂蚁尚且是活物,说它们有'道'也就罢了。秭稗说到天上去,不过是毫无用处的杂草,这么不起眼的东西里,怎么能有'道'呢?"

庄周明白东郭子是说他不过是借着名头,耸人听闻而已。

庄周转过头,仰起脸,重新将目光投到天上,不由暗叹:"苍天啊,汝之深也,犹'道'藏之愈深矣。"

良久,庄周将目光从天上拔回地面。倏忽间,庄周的双眸亮了一下,伸手向不远处一株高大的椿树指去,说:"老伯,树下的断砖,您看到了吧?"

东郭子点了点头。顺着手势,东郭子看到椿树根部不远处有一块断裂的青砖,不明白庄周何意,眼光狐疑地在庄周脸上扫了几遍。

"这断砖呀,也有'道'的演化。"

东郭子撇了撇嘴,欲言又止。

"岂止是断砖,烂瓦里也有'道'的。"

庄周话没落音，东郭子像是深深受到了刺激，脸色煞白，强辩说："怎么越说越卑下了呢？蝼蛄和蚂蚁是活物，能动弹。稗稗虽不中用，好歹也是田里长出来的，如庄先生您所言，这两者因为有些生命，姑且能算作有'道'吧。可烂瓦断砖不过是废弃之物，又没有生命，说到天老爷那里，我也不承认这般破东西里能有'道'。"

看到东郭子不服气的样子，庄周见怪不怪，进一步说下去："老实说，连屎尿里也含有'道'呢！"

一听这话，东郭子顺着挂着的拐杖，一下子滑到地上，头耷拉着，再不肯回应庄周了。

看这气鼓鼓的架势，庄周明白东郭子误解他了。他知道此刻东郭子正满肚子晦气，甚而至于在肚子里骂他庄周嘴欠，偏拿屎尿揶揄人。意识到这一层，庄周立刻向东郭子赔不是。

"哎呀，老伯，得罪了，我并不是有意专拿屎尿来打趣您，请不要误解我的本意。您的一番问话，本来就没有触及'道'的实质。

"我说屎尿里含有'道'，并不是说屎尿就是'道'，不过是要通过屎尿来反映'道'，屎尿是能反映出'道'的。举个简单的例子，就说马粪吧，列国争雄，仗打得昏天黑地，遍野战马，打来打去打到最后，你看吧，无论是山谷、平原、道路、沟渠，到处都撒有马粪，横一堆是马粪，竖一片是马粪，乱七八糟。假使有一天，这马粪匀匀乎乎地直接屙到待耕的农田里，而不是随地抛撒在战场上，这么着，将会呈现一种什么情况呢？"说到这里，庄周有意停顿下来。

东郭子虽然不应答，但面上的愠色已缓解下来。

"马儿排在农田里，全都匀溜地将粪屙到田里，这呈现出来的图景，不就是消弭了战争，天下得以太平安宁了吗？这美好的图景可不是我一时心血来潮编给您听的,以前,我们的道家开山祖师老聃就说过:'天下有道,却走马以粪。'"

庄周说这些时,东郭子面色舒缓开来,耷拉着的头也仰起来了,做出一副洗耳恭听的姿态。

"'天下有道,却走马以粪。'这话告诉我们,如能免除争土伐战,人世间太平下来,就用不着骑马奔波争杀了,而可以掉过头来专注于农事,逍遥自在地赶着马儿去肥田了。为什么这么说呢?因为马不是牛,耕田的活儿干不来,干脆就驱使马拉粪肥田吧。老伯,您想啊,战马一旦都用来肥田,那天下哪还有什么战乱?没了战乱,你我不就能安居乐业了吗?——这就是'却走马以粪'揭示出来的'道'啊。"

说话间,就见东郭子拄着拐杖立起身来,默默向庄周靠过去。

东郭子的变化,庄周看在眼里,不觉心头轻松下来。庄周心想,老伯是特来问"道"的,自己有责任要把"道"向他讲明白。

"就说那断砖烂瓦吧,我说它们之中有'道',只要想一想它们承载的历史便知了。"此时此刻,庄周脑海里浮现出青砖碧瓦的高大屋宇。无疑,这是贵族的华屋了,说不定就是文武百官朝贺的宫殿哩。"倘使荒野里裸露的枯骨,原先是耀武扬威的帝王将相,那么这断砖烂瓦其实就是昔日的宫殿。我几乎能从这断砖烂瓦里看到一个朝代的兴盛,但天下争战纷纷,胜王败寇,转瞬之间高下易位,昔日的繁华宫殿就成了原先掌朝的帝王将相们的葬身之地。一把火,宫殿变成了一堆瓦砾,呈现在后人面前的就是这断砖烂瓦了。所以,这看似不起眼的断砖,其实就承载着社会变化之'道'。"

"'道之为物,惟恍惟惚','道'依附于蝼蛄、蚂蚁、砖瓦、屎尿当中,但这些东西本身不是'道',只起承载作用。'惚兮恍兮,其中有象','道'是那样的隐约难觅,但它一定附着于万物身上。"

庄周口若悬河,侃侃而谈,东郭子每每会意,不住地点头。

"老伯,承蒙您看得起,大老远跑来向我问'道'。我想,您来以前,恐怕以为'道'是凌驾于万物,高高在上的吧?"

"嗯。"东郭子点头承认。

"究其实,'道'在有您我之前,在有天地之前就应运而生了。看又看不到,摸又摸不着,'道'显得高不可攀,殊不知,'道'就在身边,就在脚下。如同普照万物的阳光一样,'道'无时无刻不在运行,不在滋润万物。这,就是'道'的真面目。我这么说,您听明白了没有?"

东郭子笑逐颜开,又是点头又是拱手,回应道:

"好呀好呀,我今天特来请教庄先生,真是没白来。听您一席话,我就像拨开了迷雾,眼前一片亮堂,多少领会了一点'道'是怎么回事。"

说着,东郭子冲庄周竖起大拇指,啧啧称赞:"真真儿名不虚传,庄先生的确是道德文章的魁首,当今世上,除了您,我还真没见过谁是得'道'之人哩!"

东郭子的溢美之词,听得庄周不好意思起来,连忙摆手制止,十分不以为然。

"老伯谬奖了,我无非是个学道之人,充其量,只不过是比您多花了些工夫,多体悟了一些,其实也没什么大不了的。

"面对老伯您的询问,我可以把'道'说得冠冕堂皇一些,告诉您'道'就存在于四季的更替中,存在于江河的滔滔流淌中,存在于周文王推演的八卦的变化中。我要是这么说,您听了就不会觉得奇怪了,不但不奇怪,还会觉得'道'是那样的伟大庄严,一派非凡的气象。面对这般图解的煌煌之'道',您听着肯定会肃然起敬。可是,这种听着舒服的东西,却无法能让您接触'道'的本质,作为道中人,我何苦要在您面前摆谱呢?我何苦要蒙您呢?大道至善,善之善者也。所以,我才尽量拣那些不起眼,甚至下贱的东西向您讲说'道'。

"您老该听说屠夫怎样收购猪的吧?监管市场的官员,看屠夫挑猪时,总要踩一踩猪的腿蹄,就问其中的缘故。屠夫依实而告:'买猪时,光看外形是不够的,猪肥猪瘦,踩一踩猪的腿蹄,你就能判定这头猪的肉膘了。因为猪的腿蹄最难生肉长膘,只要猪的腿蹄踩上去有肉,其他部位就不用说了,一定是长得肥呢。'这种取其下位来判定猪的肥瘦方法,同样适用于我们所讲的'道',这也就是我为什么偏拣蝼蚁、砖瓦之类的东西来说'道',只要判定这些不起眼的东西里有'道',那么天地间还有什么东西没有'道'呢?"

听到这里,东郭子对庄周感激不已,不胜佩服地说:

"我今天收获大了,'闻君一席话,胜学十年道'呀,太感谢庄先生您了,要不是找着您问道,我怕是到老死也体会不出'道'的真义来。"

"哪里,哪里,"庄周彬彬有礼地说,"还望老伯用心专一,顺应天运,唯道是从。"

庄周与东郭子越聊越投机,又聊了好久,二人方才话别。

二、道为何物

东郭子问道,对庄周的道学是一次检验。由此,庄周有心花工夫,对道的观念认真地疏通了一番。

作为南伯子綦弟子,自己承学《老子》《归藏》以及南伯子綦老师文子的《文子》,一生捍卫与坚守伏羲泰道。

通过梳理,庄周发觉,自己学道、体道、悟道的最大特点,那就是以感性的事理为基础,以抽丝剥茧的方式慢慢感知、慢慢体会、慢慢领悟。

学道之始,庄周即秉着"吾生也有涯,而知也无涯。以有涯随无涯,殆已;已而为知者,殆而已矣",学习时不贪大不求全,不急,不躁,随性,随心。一切本着自然,自在为之。

以这么一种散淡冲和的方式切入道统,庄周反倒窥觉道学的那无与伦比的呈放射状的能量,把握到道学的精髓,体察到道学的强大生命,触摸到道学炙手可热般的巨大温力。

宇宙何其大,道学何其深。

在庄周看来,道,是宇宙的。

"整个宇宙只有一种'物'没有阴阳二气中的任何一种气,它是绝对均衡的。它是绝对有的,它是绝对无的;它是绝对静止的,它是绝对运动的——它就是'道'。说它有,是因为它遍布宇宙每一个角落;说它无,是因为没有办法实实在在地抓到它。"

而"道",同宇宙一样处于绝对运动状态,但又如同宇宙一样处于绝对静止状态。因为道从开天辟地以来,就一直保持着这样的状态,而且直到宇宙崩坏都不会改变。道不但"先天地生",而且"后天地灭"。而且道的"生"和"灭"都必定不在这个宇宙的范畴之内,所以道可以说是"永恒"的——天地万物皆变,唯有"道"不变。

此由《齐物论》即可管中窥豹:

夫道未始有封，言未始有常，为是而有畛也。请言其畛：有左有右，有伦有义，有分有辩，有竞有争，此之谓八德。六合之外，圣人存而不论；六合之内，圣人论而不议；春秋经世先王之志，圣人议而不辩。

故分也者，有不分也；辩也者，有不辩也。曰："何也？""圣人怀之，众人辩之以相示也。故曰：辩也者，有不见也。夫大道不称，大辩不言，大仁不仁，大廉不谦，大勇不忮。道昭而不道，言辩而不及，仁常而不成，廉清而不信，勇忮而不成。五者圆而几向方矣！故知止其所不知，至矣。孰知不言之辩，不道之道？若有能知，此之谓天府。注焉而不满，酌焉而不竭，而不知其所由来，此之谓葆光。"（道不曾有过界线，言论也不曾有过固定的标准，为了争一个"是"字而妄加了种种界限。请让我说说这些界限。如有左，有右，有序列，有等级，有分别，有论辩，有竞比，有相争，这就是世俗所谓的八种才能。天地四方宇宙之外的事，圣人总是存而不论；宇宙之内的事，圣人只论述却不随意评说。至于古代历史上善于治理社会的前代君王们的记载，圣人虽然有所评说却不争辩。故天下的事理有分别，就有不分别；有争辩，就有不争辩。这是为什么呢？圣人虚怀若谷，不去争辩，众人则争辩不休而竞相夸示。所以说，大凡争辩，总有看不见的地方。大道是不可称谓的，大辩是不用言词的，大仁是没有偏爱的，大廉是不谦逊的，大勇是不伤害人的。道一旦昭明了就不是道，言语争辩就有所不及，仁常固定在一方就不能周全，廉若露了形迹就不可信，勇敢到随处伤人也就不能成为真正勇敢的人。这五者遵行不弃就几乎近于道了。因此懂得停止于自己所不知晓的领域，那就是绝顶的明智。谁能真正通晓不用言语的辩驳、不用称说的道呢？假如有谁能知道，他就能称为天然的府库。往里面无论注入多少东西，它也不会溢满，无论取出多少东西，它也不会枯竭，而且也不知道它来自何处，这就叫做潜藏不露的光明。）

道虽不能说明，却无人能够否认它的博大与深奥。

"天地与我并生，而万物与我为一。既已为一矣，且得有言乎？既已谓之一矣，且得无言乎？一与言为二，二与一为三。自此以往，巧历不能得，而况其凡乎！故自无适有，以至于三，而况自有适有乎！无适焉，因是已！"（天地与我共生，而万物与我同为一体。既然已经合为一体了，那还需要言论吗？既然已经说了合为一体，怎能说没有言论呢？万物一体加上我所发的言论就成了"二"，"二"再加上一个"一"就成了"三"，以此类推，最精明的计算也不可能求得最后的数字，何况大家都是凡夫俗子！所以，从无到有乃至推到"三"，又何况从"有"推演到"有"呢？没有必要这样地推演下去，顺应自然就是了。）

"天地与我并生"说的是世间万物同源；"天地"与"我"是一样的，都是从"道"那里生出来的；"一"从万物中来，万物又从"一"中生发。万物与我同为一体，都归于道。道是万物的起点，也是万物的归宿。所以会有"天人相类，天人合一"。

"执道枢而立于环中，以应无穷。是亦一无穷，非亦一无穷。"庄周如是观道。

三、庄惠之辩

魏率韩、赵、燕、中山四国诸侯叛周相王，引起天下公愤。

楚怀王出兵伐魏，大败魏军，攻取八座城邑。

齐威王欲伐中山国，中山先王恐惧，遣使至齐朝拜齐威王，由亲魏改为亲齐，这才免遭齐伐。

张仪针对魏率韩、赵、燕、中山四国，组建五国联盟，建议秦惠王连横齐、楚，举行三国会盟，对应五国联盟。

秦、齐、楚结盟，对魏极为不利，惠施建议魏惠王会见齐威王，与齐偃兵，以避秦、齐、楚联合伐魏。

连横遭惠施拆解，难以奏效，张仪亲赴大梁游说魏惠王联秦伐齐，拿中山国叛魏亲齐说事，挑拨魏、齐之间的关系。年近八十的魏惠王年老糊涂，听张仪说了一件又一件齐国打击甚至侮辱魏国的事实，气恨之下，对群臣说："寡人屈辱于齐久矣，不得已屈尊就齐，只为等待时机。秦相张仪愿与魏联手对齐，甚合孤意。"决定对齐采取攻伐行动。

惠施见势不妙，进谏道："张仪之来，狼子野心，大王不可感情用事，应该继续与齐偃兵，不可被张仪煽动。"

魏将公孙衍支持惠施，也用摆事实的方法，将秦言而无信，一再袭伐魏国的事件罗列出来，明确指出张仪来者不善，非怀好意。

鉴于魏率五国相王之后，楚怀王伐魏攻取八城，公孙衍建议，为今之计，当为伐楚收复八城。

魏惠王征求群臣意见，群臣赞成惠施、公孙衍。

魏惠王命公孙衍伐楚。

在魏外交失败，张仪命秦伐魏，伐取曲沃（今山西闻喜），又伐取了平周（今山西介休）。之后，张仪命秦停止伐魏，转而伐楚。

公孙衍伐楚，仗打得异常艰难，得到秦军援救，方才保住实力，安全撤兵。

乘此机会，张仪再次晋见魏惠王陈说联秦伐齐的利好关系。

因为新败，魏惠王心里没了底气，问策群臣。

公孙衍虽知联秦伐齐对魏国绝不是一件好事，但作为败军之将，其锐气已挫，再说硬气话显然不合时宜，只能假意附和张仪联秦伐齐。

主将倒戈，群臣随之转向。

只有惠施义正词严，坚决反对联秦伐齐。

魏惠王只取眼前之势，已顾不得长远，所以不听惠施忠言相劝。

惠施继续阻挠联秦伐齐，张仪坚决要搬掉这块绊脚石。

张仪再次晋见魏惠王，诬陷惠施与齐相田婴暗中勾结，赚魏于齐。因魏惠王知晓惠施与齐相田婴私交笃厚，在张仪的谗言蛊惑下，顿起疑心，竟听信张仪谗言，下令逮捕惠施。

负责领兵抓捕惠施的公孙衍，暗中派人向惠施通风报信。

惠施得信，只身紧急出逃。

惠施原本要逃回母邦宋国，但魏惠王想起当年不听公叔痤而放走了商鞅，导致商鞅相秦以后大肆攻伐魏国，让魏国时至今日都在被秦玩于股掌之间，遂下令通缉惠施。东逃途中，惠施遭到通缉，立刻乔装改扮，昼伏夜行，逃往楚国。

张仪凭着三寸不烂之舌，能说会道，轻易取得魏惠王信任，被任命为魏相。

张仪兼相秦、魏，威震诸侯。

惠施投奔楚怀王，楚怀王惜才，准备重用惠施，但遭一帮权臣谏阻。权臣们谏阻的理由是，如今张仪兼相秦、魏，如用惠施，等于是送给张仪讨伐楚国的口实，惹火烧身。

听从一帮权臣的建议，楚怀王放弃重用惠施。但出于敬重，楚怀王赠送惠施马车百乘，派兵护送归宋。

惠施虽然在魏罢相，能以马车百乘的盛大仪仗自楚归宋，令宋康王不敢小觑。

宋康王欲得惠施辅佐，立刻召见惠施，表达了自己对惠施的敬意，并表达自己愿依赖惠施强宋争雄的意图。

惠施说："大王强宋，实乃臣民所愿，母邦之福。但力图争雄当为不妥。"惠施以仕魏二十二年，相魏十九年的亲身经历，现身说法，指出争雄好战给魏国所造成的种种不堪收拾的巨大祸患。然后，惠施拿宋国与魏国对比说："鉴于大王英明，一直不掺和诸侯征战，使得宋国臣民免受战乱灾祸。如今大王扩充武备，意在争雄于天下，说句大不敬的话，小石块再硬，能碰过大石头吗？假使小石头力量强大，能碰过一块大石头，还能碰过第二、第三块大石头吗？何况后面还排列着一长溜大石头，碰来碰去，碰到最后，自己恐怕连粉末都剩不下的。"

话不投机，宋康王打算重用惠施的心思凉了下来。加之唐鞅、田不礼进谗，宋康王从此再也不理睬惠施了。

岂不知,正因为不愿求仕夜郎自大的宋康王,惠施才在谈话中,肆意对宋康王直言不讳,兜头只泼冷水,目的无非是想打消宋康王对自己心存重用之念。

在宋康王处得到了解脱,惠施闲居商丘。

闲来无事,惠施驾车前往蒙邑拜见庄周。

有朋自远方来,庄周自然乐得不行。

听了惠施惨遭张仪算计,幸亏公孙衍通风报信才捡回一条命,庄周感慨良多。

庄周说:"天德渊静,先生却不甘寂寞,一心要建功立业,到头来,先生所得,乃竹篮子打水哟。"

惠施说:"魏、齐仇雠,势不两立。自我相魏,实现魏、齐偃兵,免得生灵涂炭,两国百姓得以安生,这当为我为官的功用所在吧。先生不求出仕,一味洁身自好,顺德达道,但对身处的现实有用吗?"

庄周说:"先生的有为之境固然可嘉,但魏、齐两国百姓的安生还能继续吗?"

惠施说:"恐怕不能了。"

庄周说:"两国百姓免不了还得遭殃。"

惠施说:"不在其位,不谋其政。这我无能为力啦。"

庄周说:"即便先生在其位,仍做魏相,能扭转天下现今的局势吗?"

惠施说:"我能力有限,这个不敢夸口,实不可能。"

庄周说:"我可不可以说,先生的有为之境,堪比夜空中的一颗亮星?"

惠施说:"我不反对。"

庄周说:"一颗亮星,对于整个黑暗的天空,能起得了多大的作用呢?"

惠施说:"微不足道。"

庄周说:"这你该明白我为什么不主张出仕了,如今天下诸侯昏聩,以微不足道之力救世,岂不等于螳臂挡车?"

惠施一时语塞。

停顿了片刻,惠施似乎缓过劲来了,说:"魏惠王曾经赐给我一种大葫芦的种子,我把它种在地里,长成后结出的葫芦能装下五石粮食那么大;用来盛水,它的坚固程度却承受不了自己的容量;把它锯开做瓢,则瓢太大没有地方放。这样的葫芦,我认为它没有什么用处,就把它打破了。"

庄周说:"你看,天地又大又广,人所用的只是脚能踩踏的一小块罢了。既然如此,那么只留脚下踩踏的一小块地方而把其余全部挖空,人还能到处行走吗?"

惠子说:"当然不能了。"

庄子说:"如此看来,没有用处的用处,其实乃实有大用。先生用一生去孜孜不倦地追求有用,却不明白无用之道实有大用。先生从至高的相位上落荒而逃,还不忘以己的有用,嘲笑我的无用,看来先生固然满腹经纶,其实拙于用大。"

惠施说:"先生洞察世道,以无为讲用,葫芦的大用,依着先生,该怎么处置呢?"

庄周说:"我说个故事给你听吧? 此乃我亲眼所见。宋国有这么一个家族,善于调制不龟裂手的药膏,子孙后代凭借这一祖传秘方,世代漂洗麻絮为业至今。当年,有个吴人,听说了这种不龟裂手的药膏，愿意出百金购买秘方。这位宋人先祖，召集全家人商量说：'我家世世代代以漂洗麻絮为业，每年所得不过数金；现今卖出这个药方可得百金，还是卖了吧。'便卖了秘方。吴人购得了这个秘方，便去游说吴王夫差。不久吴国与越国打仗，吴王夫差就派他为将，率兵在冬天跟越国水战，大败越国；吴王夫差就划割土地封赏他，所得报偿异常丰厚。照此看来，你认为是得封的吴人善于用大，还是宋人善于用大？"

惠施说："明显是吴人聪明，能将不起眼的不龟手的药膏的作用发挥到极致，他是善于用大的；相反的，宋人就蠢了，世代只知将不龟手的药膏用来防止冬天不皲手而漂洗麻絮，不知求变，这个家族也太不善于用大了。"

庄周说："我且问你，当时吴王夫差胜了越人，后来呢？"

惠施说："被越王勾践灭国了。"

庄周说："越王勾践灭了吴王夫差，那位因不龟手的药膏取胜的受封的吴人，也被越王勾践逐而杀之，而且是诛灭九族。宋人有不龟手的药膏秘方，仅为小用，从不求大用，家族却世代安生。结局迥然不同，两相比较，先生还认为宋人蠢吗？"

惠施无言以对。沉默良久，惠施似乎想起什么，对庄周说："我在大梁相府门旁，栽种了一棵大树，人们把它叫做'樗'。它的树干疙瘩臃肿，不能合乎绳墨取直的要求；它的小枝卷曲，也不合乎圆规和角尺取材的要求。经过的匠人都不愿看它。现在你的这些言论，大而无用，一如丑樗，没有谁会认真理会。"

惠施说出的这一番话，明显透出他不忘世俗利禄、依旧热衷于功名的心态。

相识这么多年，庄周对这位契友相当了解。

惠施的学问广博，他的书多达五车，道术杂乱无章，言辞多有不当。他分析事物性质，说："大到极点而没有边际的，称为'大一'；小到极点而没有内核的，称为'小一'。没有厚度，不可累积，但能扩大到千里。天和地一样低，山和泽一样平。太阳刚刚正中的时候就偏斜，万物刚刚生出就向死亡转化。大同和小同相差异，这叫'小同异'；万物完全相同也完全相异，这叫'大同异'。南方既没有穷尽也有穷尽，今天到越国去而昨天已来到。连环可以解开。我所知的天下的中央，在燕国之北越国之南。泛爱万物，天地合为一体。"

惠施认为这些是大道理，炫耀于天下而引导辩士，天下的辩士也乐于和他辩论。鸡蛋有毛；鸡有三只脚；郢都包有天下；犬可以变为羊；马有卵；青蛙有尾巴；火不热；山有口；车轮不着地；眼睛看不见东西；物指的概念不相称，相称也没有止境；龟比蛇长；矩不方，规画出的不圆；凿孔不能围住榫头；飞鸟的影子未曾移动；疾飞的箭头有不走也有不停的时候；狗不是犬；黄马、骊牛是三个；白狗是黑的；孤驹不曾有母；一尺长的木棍，每天截掉一半，永远也截不完。辩士们用这些辩题与惠施相辩论，无穷无尽。

惠施现在要在自己面前展示雄辩之才，庄周虽不愿奉陪，但敲一敲这个入世太深精明透顶的家伙，还是有必要的。于是，庄周说："你没有看见野猫和黄鼠狼吗？它们趴伏着身子，等待出游的小动物；东西跳跃掠夺，不避高低，常常踏中机关，死于罗网之中。再看那嫠牛，庞大的身躯像垂在天上的云，它的能力可做大事，但不能捕鼠。现在你有这么一棵大树，愁它无用，为什么不把它种在虚寂的乡土？把它栽种在广漠的旷野里，随意地徘徊在树旁，逍遥自在地在它下边躺着,不遭受斧头砍伐,也没有什么东西会来侵害它。虽然没什么用处,但又有什么困惑与苦恼呢!"

此后,惠施与庄周经常会面。每次会面,两人论及一些话题,总是各抒胸臆,针锋相对,辩论不休。

然,辩论归辩论,这并不影响两人之间的笃厚私交。

在宋闲居期间,为排遣寂寞,惠施经常驾着马车去蒙邑,然后带上庄周一同去出游。

这一天,庄周陪同惠施出游,来到位于凤阳的濠水桥上。

两人在濠水桥上行走,边走边闲聊。

观赏水里熙来攘往的游鱼时,因为高兴,庄周说:"鲦鱼在河水中游来游去,多么悠闲自在呀,此乃鱼的快乐。"

惠施说:"你并非鱼,怎么知道鱼的快乐呢?"

庄周说:"你并非我,怎么知道我不知道鱼的快乐呀?"

惠施说:"我并非你,固然不了解你;你并非鱼,本来也不了解鱼。那么你不知道鱼的快乐,就无可辩驳了。"

庄周说:"请从开头的话题说起。你说:'你怎么知道鱼的快乐?'你这么问,说明你已经承认我知道鱼的快乐,所以才会问我怎么知道的。而我则在濠水的桥上知道鱼儿快乐的。"

惠施说:"鱼儿快乐,我们也玩得尽兴呢。"

庄周会意一笑,两人继续向前走去。

四、曹商骄庄

张仪相魏,志在伐齐。由于魏将公孙衍与张仪暗中较劲,每在朝中议及伐齐之事，公孙衍总以"正在准备"一再推托。

张仪相魏三年了，不见伐齐，秦国群臣向秦惠王指责张仪作为秦相在魏国兼相不作为。秦惠王起疑，命张仪对承诺的伐齐一事，尽快付诸行动。

为能向秦交差，张仪向魏惠王传达了秦惠王尽快伐齐的口令，魏惠王急召公孙衍询问伐齐筹备情况。

公孙衍明白此次再无推托理由，就表示已经筹备就绪，现在随时可以伐齐。然公孙衍提出了与秦共同伐齐的条件：一是伐齐时，必须秦主魏辅。二是既然以秦为主，魏军必须与秦军统一装备。即魏军穿秦衣，打秦旗。三是伐齐得胜，魏收其利；伐齐失败，秦承其咎。

张仪倚仗秦军每战必胜，加之联合魏军而兵多将广，又急于向秦惠王交差，遂全部答应公孙衍开出的共同伐齐条件。

为能确保伐齐胜利，魏惠王要求韩、赵、燕、中山遵守五国盟约，一同伐齐。四国权衡出兵助伐，胜败均对他们没有好处，一概拒绝出兵助伐。

齐人匡章在其师陈仲子的授意下，晋见齐威王，要求领兵抵御秦魏联军。

齐威王早知匡章作战勇武，欲授将印。

齐相田婴以匡章连同其师陈仲子反对齐威王称王为由，反对任命匡章为将。

齐威王为君几十年，阅人无数，知陈仲子及其徒弟匡章曾反对自己称王，不过是出于他们的学识与良知，并无什么恶意，因此，一直将陈仲子、匡章供养于稷下学宫。现在齐国有难，陈仲子授意匡章请战，正说明陈仲子师徒知恩图报，乃高尚人士，于是郑重授命匡章为将。

匡章将兵，齐军大获全胜。

原来，匡章在出战之前，即从仕魏之时的好友公孙衍那里得知，魏军穿秦衣，打秦旗。于是将计就计，加紧赶制秦衣秦旗，让齐军也穿秦衣，也打秦旗，只不过做上了只有齐军才能识别的暗记。敌我双方兵戎相见，战场上全为穿秦衣的士兵，秦、魏士兵难辨敌我，找不到攻击对象，束手无策之下自乱阵脚，结果魏军统统被齐军剿灭。

本来，为了报齐宿仇，魏惠王毕其功于一役，此次与秦军联合伐齐，志在必胜，万料不到全军覆没，羞愤难当而死。

隔着魏国，秦惠王自知非一时能够对付得了齐国，遂派使者与齐偃兵，自称"西藩之臣"。

齐威王因破格重用匡章，全胜从未在战场上吃过败仗的虎狼之秦，乐极生悲，竟在狂笑中一命呜呼。

魏惠王八十二岁因第三次败于齐国而暴亡，魏国由太子魏嗣继位，即魏襄王。

齐国继位的是太子田辟疆，即齐宣王。

魏惠王暴死，惠施很快得知。惠施想，张仪伐齐大败，魏襄王不会再信任张仪，张仪被罢相是一定的了。我若重返魏国，就有可能重新恢复相位。于是，惠施急匆匆去蒙邑向庄周道别，以六十二岁的老身，星夜赶往魏国。

通过一番权衡，魏襄王罢免张仪，改命公孙衍为相，礼聘惠施为客卿。

秦、魏伐齐失败，张仪回秦都咸阳复命，秦惠王怒而免其相。

公孙衍相魏，即以军事家的战略眼光，策动中原诸侯合纵伐秦，并恭请天下霸主楚怀王担任纵长。

此次合纵伐秦，计有魏、燕、韩、赵、楚五国参与。五国联军反秦气势高昂，先伐驻守魏地河东的秦军，大胜。随后五国联军乘胜攻入被秦军侵占的魏地河西，再胜，兵锋直指函谷关（今河南灵宝东北）。面对败局，秦军毫不气馁，竟愈挫愈勇，在函谷关反败为胜，随后乘胜追击，并攻至河东。如不是匡章劝动不愿加入合纵伐秦的齐宣王接应溃败东撤的联军，五国联军恐怕将没有生还的可能。

五国伐秦失败，中原竟有人拍手称快。此人就是曹商。

曹商先师从南伯子綦学道，后师从长桑公子学儒。成年后随父经营旅馆，因宋国赋税一再加重，生意惨淡经营。穷极无赖，曹商一度跟齐人学盗墓，只是发些小财而已，没有什么大的作为。

公孙衍策动中原诸侯合纵伐秦，没有联络宋国，这让曹商感觉到在中原诸侯眼里宋国算不了什么。

那么，怎么才能让中原诸侯看重宋国，并且从此不敢小觑宋国，甚至不敢攻伐宋国呢？

曹商苦苦思考良策。

当今天下，秦、齐、楚最强，楚新败于秦，说明楚与秦不相抗衡。秦与齐相较，齐的实力虽比秦不相上下，但齐深受儒家文化的熏陶，思想中庸。而秦，西处蛮荒之地，行事不讲规则，性乖张，做事野蛮，所以被天下蔑称为虎狼之国。然，在如今尚武争雄的天下，具有狼性虎威的秦国，必将力压于齐，最终以嗜血之性成为天下无敌。

对天下大势做出如此"英明"的分析论断，曹商心潮澎湃，浑浊的目光里瞬间抹上了炯炯亮色，胆气儿也陡壮起来。

曹商认为,宋国要想在中原立威,傲视群雄,唯一的出路,就是必须依附秦国,舍此无他。

　　计议已定,曹商马上献策宋康王,以五国伐秦失败说事,通过无可辩驳的摆谈,进行内外解剖,指出弱宋不怕中原诸侯蔑视,就怕现有强大的靠山不知投靠。

　　宋康王听曹商说得振振有词,有些心动。

　　宋康王让曹商明确指出靠山所在。

　　曹商说:"靠上当今天下最强的秦国,中原那帮势利的诸侯,谁还敢小瞧大王?"

　　宋康王说:"中原诸强,尚且不愿与寡人为伍,秦惠王作为天下最强,更不可能把寡人放在眼里呀,远山隔水,又从不往来,秦惠王怎么可能愿意找个累赘?"

　　曹商说:"大王多虑了。以我看来,秦惠王如果稍具战略眼光,必定愿与大王结盟的。原因当如此:接下来秦惠王所最担心的当为中原诸侯再次合纵伐他。此时,宋国挺身而出,秦惠王巴不得与大王结盟呢。为什么这么说? 因为秦宋结盟,宋国就会像一颗钉子锲在中原诸侯当中,可以起到分化、牵制的作用。——此乃从战略上讲。从历史地位上讲,中原诸侯一向视西秦为蛮夷,虽然宋国在中原诸强眼里算不了什么,但秦国作为蛮夷,在中原诸强眼里那就更加不堪了。现如今,秦国没有盟国,宋国没有盟国,两个没有盟国的国家,岂不正可以抱伙成团,成为天然的盟友?"

　　曹商的言论,对宋康王来说,犹如久旱逢甘雨,听得宋康王如饮琼浆,兴奋非常。

　　宋康王极为赏识曹商的口才,就以马车十乘命曹商使秦。

庄子
传

这一年，曹商四十六岁，以雄辩之才为宋使秦，结果竟不辱使命，说服秦惠王情愿与弱宋结为盟国，同仇敌忾，共同对付中原诸强合纵伐秦。

秦惠王以宗主国身份，向宋国提出了一系列联盟条约，曹商统统予以承诺，答应完全服从照办。

作为宋国使者，曹商如此爽快，秦惠王心情振奋，大为愉悦。

顺利完成出使任务，曹商向秦惠王辞行时，秦惠王赏赐曹商马车百乘。

出使成功，曹商返宋交差。

宋康王原本悬着的一颗心落到实处，无比高兴之下，斗志倍增，雄心大振。

自此，宋康王承认曹商是位了不起的才士，任命曹商为宋国大夫。

既与秦结盟，宋康王感到腰杆子特硬，命田不礼加紧练兵，随时听命秦惠王召唤。

这天，庄周正在家门口的巷子里编织草鞋，忽见一队人马在宋国士兵的护卫下拥来。

这队人马走近了，庄周才看清，为首的是曹商。

曹商锦衣华服，是以宋国大夫的身份、马车百乘的阵仗回到蒙邑。

看到曹商一副趾高气扬的骄横样，庄周只顾忙着编织草鞋，对曹商一行毫不理睬。

见庄周不理会自己，曹商以为庄周看到他那么大的排场而怯势了，心里大为得意。

"庄周——"曹商站到庄周对面高声大喊道。

庄周放下手中编织的草鞋，干脆坐到地面上，也不抬头，说："走你的路吧，我没碍着你。"

曹商说："我大老远地赶来，专为来看你哟。"

听曹商一副阴阳怪气的口吻，庄周不予理会。

曹商说："我什么都不为，今儿个专程来看你编草鞋。"

"……"

曹商说："记得当年吧，你一味跟那个傻到不透气的子綦誓志要做什么散木，一晃这么多年过去了，你做成天下令人羡慕的散木了吗？"

"……"

曹商说："哎呀，时光的确应为最好的见证，现在怎样？住在偏僻狭窄的陋巷，穷得靠自己编织草鞋为生，脖颈干瘪，面黄肌瘦，此为我的短处；一见面就能使大国的国君省悟而使跟随的车辆达到百乘之多，这可当为我的擅长之处吧。"

曹商如此恬不知耻，庄周心里哀叹乱世误人不浅。

出于教训不知天高地厚的曹商，庄周毫不客气地回击道："听说秦王有病召见医生，除脓去疮的人赏车一辆，舔痔疮的人赏车五辆，所治的患处越卑下，所能获得的车辆就越多。你用下流的方式治疗秦王的痔疮，不然，你凭什么能获得如此之多的车辆呢？滚去吧！"

挨了一顿嘲讽与谩骂，曹商虽然恼恨得不得了，但清楚庄周背后的社会关系，不是他一个刚刚做上大夫的人能够撼动的，愣了愣，只好灰溜溜地走人。

五、借粮度荒

自与秦结盟，宋康王倚仗秦势，狐假虎威。即便如此，中原诸侯仍不肯正视宋康王。宋民因沉重的赋税压迫，对宋康王不存好感，竟至于怨声载道。

宋康王微服私访，发现宋民对他颇多怨怼，问计唐鞅。

唐鞅说："谤者杀之！"

宋康王于是在民间大开杀戒。于是开杀三个月，宋康王再下去微服私访，只要一提宋康王，走到哪里都是一片骂声。

宋康王怒斥唐鞅："依你之言，大开杀戒，为何谤者越杀越多？"

唐鞅无言以对。

曹商乘机向宋康王进言："相国之'谤者杀之'乃教大王与民作对，'民不畏死，奈何以死惧之？'"

宋康王说："那该怎么收场呢？"

曹商说："平民愤可也。"

宋康王于是诛杀教他开杀谤者的唐鞅，以平民愤。

公元前 311 年，中原大旱。来年，中原大旱继续，宋国旱情非常严重。

旱灾加剧，宋康王丝毫不减轻赋税。宋国多地出现饿死人现象，而且情况越来越严重。

偏偏这个旱冬又特别寒冷，蒙邑西郭有个农夫，大冷天里仅有一身破旧的单衣可穿，为躲避寒冷，他天天就着阳光晒暖。晒来晒去，竟灵窍大开，他想："冬天里尽管冷，晒太阳就可取暖呀，为何大家不照我学呢？我得把这个好法子向大王禀报，好让更多的百姓受益。"

这个农夫于是来到商丘向宋康王献计，一片好心要让宋康王在宋国推行他晒太阳保暖的方法。宋康王认为这个农夫是特地来取笑他的，当场喝命拉出去斩首示众。

庄周听到向宋康王献计的蒙邑西郭农夫的悲惨下场，不禁悲从中来，泪如雨下。

因为连续两年干旱，田里收成很差，子桑家已无麻絮可漂，只有靠多年省吃俭用的那点积蓄过活。然而，赋税照纳不减，加上坐吃山空，子桑家到了吃了上顿愁下顿的地步。

大旱之年，庄子家里去年就已闹饥荒，幸得蔺陶匠接济，勉强度日。熬到今年，蔺陶匠家粮囤见底，庄周不许家里任何人再向蔺家借粮。

家里断粮，庄周就带领家人到处寻野菜，捋榆树叶或是刨茅根聊以充饥。

就这样，庄周一家和广大宋国饥民挣扎在无粮为炊的死亡线上。

终于，老天爷降雨了。

早已饿得骨瘦如柴的庄周，拄着一截充当拐棍的树枝，站在自家屋檐前，望着哗哗而下的雨水，抱拳向天拱手以示感激。

但没想到的是，这雨一降落就不肯停歇下来，竟越下越大，变成了霖雨。霖雨持续下到十天，已饿得不成样子的子舆，拄着拐棍，冒雨来到庄周家，他眼泪汪汪地告诉庄周："子桑死啦！"

听到这个噩耗，庄周内心一阵揪痛，不禁潸然泪下。

子舆陪着庄周哀伤了好久,之后向庄周陈说了子桑临死时发生的事情。

子舆说:"大雨天天下,我担心子桑会饿倒,就包着饭食前去给他吃。来到子桑家门口,就听见像唱歌又像哭泣的声音,而且伴着弹琴声:'父亲呀! 母亲呀! 天呀! 人呀!'全是哀叹。"

子舆走进屋里,说:"你歌唱的诗词,为什么这样不成调子?"

子桑说:"我在思索使我达到了这般窘困地步的原因而不得其解。父母难道想要我贫困吗?苍天没有偏私地覆盖着整个大地,大地没有偏私地托载着所有生灵,天地难道会单单让我贫困吗?寻找使我贫困的原因而得不到结果。然而我到了这样的绝境,乃为命啊!"

听了子桑对命运的哀叹,庄周仰天长叹:"天道无亲啊!"

庄周同一帮朋友殡葬了子桑,由蔺且搀扶着返家。在返回的路上,望着遍地浸淫着雨水,庄周想着家人已好久不闻粮香味,已到了饿到浮肿的地步,随时都有饿死的可能。内疚之下,庄周想,他怎么都得想办法去借点粮食回家。

于是让蔺且搀扶他去了昔日相熟的监河侯家。

多年来,监河侯一直管理蒙邑的河道,是一个颇有心机善于逢迎场面的精明人。

当年,庄周眼里揉不进沙子,出于义愤辞去漆园吏,监河侯见到庄周就说:"干得好好的漆园吏,你辞掉干吗呀?你傻呀?你看,我就不辞。河税爱加不加,管它呢。加了,我就按新加的征收河税。谁不服加重赋税,他尽可找官府去,反正与我个人没关系。河税叫我怎么收,我就怎么收。执行官府命令,配合好官府,乃是我作为监河侯的天职，我只管照章办事，别的我可不管。"

面对说话没有情怀、做人不觉悟，反而神气活现的监河侯，庄周不由想起了猪身上的虱子，便不客气地对监河侯说："濡需者，豕虱是也。择疏鬣自以为广宫大囿，奎蹄曲隈，乳间股脚，自以为安室利处，不知屠者之一旦鼓臂布草操烟火，而己与豕俱焦也。"（有种苟且偷安的东西，就是寄生在猪身上的那些虱子。它们选择在粗疏的毛鬣之间回旋，自以为占据的是帝王宽广的宫廷和园林，洋洋自得；拥挤在股胯蹄脚和乳房之间曲深隐蔽的地方，以为得天独厚地生活在宁静富饶的乐园而欢天喜地。却不知，一旦屠夫到来，动手屠宰，点火燎毛，自己将和猪一起同归于尽。）

监河侯何等聪明之人，庄周说完猪虱子的故事，他就明白庄周是在影射他，甚感无趣，心里恼恨道："看在过去同道的分上，我好意提醒你庄周，你却不识好歹，仗着自己读了点书，就自命清高，借猪虱子骂我，什么玩意儿！"

但在表面上，监河侯却对庄周笑脸相迎，说了几句场面上的客气话，便告辞而去。

从此，监河侯对庄周借猪虱子挖苦自己耿耿于怀。

今日庄周来到自己府上，监河侯很是客气地接待了庄周。监河侯直截了当地问："先生今日登门，有何见教？"

庄周叹口气，说："家里实在揭不开锅了，我今日专为来向您借粮。"

庄周一辈子从没向任何人折过腰低过头，这个，监河侯是最清楚不过的。今日，破天荒儿头一遭听到庄周求人，而且是求到自己的头上，监河侯心里一阵莫名的兴奋。监河侯皮笑肉不笑的，用目

庄子传

光在庄周干皱衰老的脸上扫来扫去，忽然把手一拍，大声豪气地说："好，等我把老百姓所欠的赋税收上来后，到那时我借给你三百金，可以吗？"

庄周怎么也想不到，监河侯会这样漫天许愿耍弄他，气得脸色大变，说道："我昨天来的时候，听到有人在道路中间呼叫。我环顾四周，并不见人，低下头来，才发现车辙里面有条鲫鱼在那儿，鱼鳃一翕一动的。我问它说：'鲫鱼，你怎么会在这里呢？'鲫鱼急不可待地回答说：'我鲫鱼，原为东海的水中之臣。您有斗升的水来救活我吗？'我说：'可以，我将到南边去游说吴国、越国的国君，引西江的水来营救你，怎么样？'鲫鱼听出了我在捉弄他，气得脸色都变了，说：'我失去了与我常在一起的水，没有容身之地，我只要得到斗升的水就能活命了，你竟然这样说话，还不如干脆早点到卖鱼干的店里去找我吧！'"

庄周借车辙里的鲫鱼，毫不留情地揭穿了一场不肯借粮的把戏。监河侯听了，犹如被扇了耳光，很不是滋味。眼看庄周示意蔺且搀扶着他离去，监河侯竟无报复庄周后所能带来的快感。非但如此，心情竟比多年前被庄周骂作猪虱子还颓败。

然而监河侯后至死都不明白，正气的光芒是具有穿透力的，任何邪念之气与之相撞，终究是要面临崩溃的结局。这就好比，黑暗永远见不得阳光，是同样的道理。

第六章　逍遥养生

一、浑沌养生

南海之帝为倏，北海之帝为忽，中央之帝为浑沌。倏与忽时相与遇于浑沌之地，浑沌待之甚善。倏与忽谋报浑沌之德，曰："人皆有七窍，以视、听、食、息，此独无有，尝试凿之。"日凿一窍，七日而浑沌死。

浑沌之死的故事出自庄子的《应帝王》。

南海之帝倏与北海之帝忽，出于感恩，二人谋报浑沌而为浑沌凿七窍，七窍开而浑沌死。呜呼哀哉！

给浑沌开窍，为什么浑沌就死了呢？

答案不难寻找，因为破坏了浑沌的本真，损害了他自身的本性。

浑沌原本是浑浑沌沌、浑然天成。自凿开七窍之后，便丧失了本真，失去了自性。凿开七窍之后，此浑沌已非彼浑沌。也就是说，自浑沌有了人形之后，他原本的自我便不复存在了。

就此，庄子在向生生不息的人类传递什么信息呢？

事物皆有其特殊性，应依循规律办事，不然，虽出于好心，往往就会把事情弄糟，这是最明显的启发。

针对人类来讲,即一个人的本真是最重要的,不要试图去改变本真。

人的本真与生俱来,如若不保,人纯净的本性就会遭到破坏。

人纯净的本性一旦遭到破坏,很容易就会迷失自我。因为人的天性是本真的,天性丧失,何来本真?

庄子的浑沌即本真。

庄子主张浑沌之境,即主张本真之境。

庄子主张本真之境,即崇尚纯真素朴的自然之道。

在庄子看来,凡事顺应自然,乃生命之真谛。

不言而喻,对于养生来说,庄子主张真性养生。

真性乃通无为之境。

无为而无不为。

关于无为而无不为,庄子在《达生》篇里提供了一则很好的范例:

纪省子为王养斗鸡。

十日而问:"鸡已乎?"曰:"未也,方虚骄而恃气。"

十日又问,曰:"未也,犹应响影。"

十日又问,曰:"未也,犹疾视而盛气。"

十日又问,曰:"几矣。鸡虽有鸣者,已无变矣,望之似木鸡矣,其德全矣,异鸡无敢应,见者反走矣。"

(纪省子为周宣王驯养斗鸡。

过了十天以后,周宣王:"鸡驯好了吗?"纪省子回答说:"没有,眼下正虚浮骄矜,自恃意气哩。"

十天后周宣王又问,回答说:"还没有,对别的鸡的声响，还是听见响声就叫，看见影子就跳。"

十天后周宣王又问，回答说："没有，还整日怒目而视，气焰嚣张。"

又过了十天周宣王问，回答说："差不多了。虽然听见别的鸡叫，却已毫无反应，看上去就像一只木鸡，它的德行已经完善了。别的鸡见了不敢应战，掉头就跑了。"）

外物莫应，内守精神，"木鸡"不战而胜，取的是务实之态。

那么，如何养生才叫务实呢？

人与人，体质不一，性情不一，适应性不一，因而在养生实践上，差异性就很大。你认为最好的，人家可能觉得不好，甚至可能觉得最差。

务实当为务己之本。

庄子在《至乐》篇里以鲁侯养鸟的反面例子，生动而深刻地揭示了养生当以务本为要，不然将适得其反：

> 昔者海鸟止于鲁郊，鲁侯御而觞之于庙，奏九韶以为乐，具太牢以为膳。鸟乃眩视忧悲，不敢食一脔，不敢饮一杯，三日而死。此以己养养鸟也，非以鸟养养鸟也。夫以鸟养养鸟者，宜栖之深林，游之坛陆，浮之江湖，食之鰍鲦，随行列而止，逶迤而处。彼唯人言之恶闻，奚以夫说说为乎！咸池九韶之乐，张之洞庭之野，鸟闻之而飞，兽闻之而走，鱼闻之而下入，人卒闻之，相与还而观之。鱼处水而生，人处水而死。彼必相与异，其好恶故异也。故先圣不一其能，不同其事。名止于实，义设于适，是之谓条达而

福持。

（从前，有一只海鸟飞到鲁国都城郊外停息下来，鲁侯让人把海鸟迎进庙堂，设酒宴招待，并演奏"九韶"之乐使它高兴，用"太牢"作为膳食。海鸟竟眼花缭乱忧心伤悲，不敢吃一块肉，不敢饮一杯酒，三天就死了。这是鲁侯按自己的生活习性来养鸟，不是按鸟的习性来养鸟。按鸟的习性来养鸟，就应当让鸟栖息于深山老林，游戏于水中沙洲，浮游于江河湖泽，啄食泥鳅和小鱼，随着鸟群的队列而止息，从容自得、自由自在地生活。它们最讨厌听到人的声音，又为什么还要那么喧闹嘈杂呢？咸池、九韶之类的著名乐曲，演奏于广漠的原野，鸟儿听见了腾身高飞，野兽听见了惊惶逃遁，鱼儿听见了潜下水底，一般的人听见了，相互围着观看不休。鱼儿在水里才能生存，人处在水里就会死去，人和鱼彼此间必定有不同之处，他们的好恶因而也一定不一样。所以前代的圣王不强求他们具有划一的能力，也不等同他们所做的事情。名义的留存在于符合实际，合宜的措置在于适应自然，这就叫条理通达而福德长久地得到保持。）

鲁侯"以己养养鸟"而不是"以鸟养养鸟"，活生生地让海鸟"眩视忧悲，不敢食一脔，不敢饮一杯，三日而死"。

如果鲁侯采取"无为"即"不妄为"的态度，不以己养养鸟，而是遵循海鸟的习性，让它回归自然，回归大海，结局当是可喜的。

鲁侯养鸟的悲剧，用在养生上，实则是庄子在用一例反面的寓言警示人们，养生要顺乎自然，遵循规律。所选养生方式，一定要适己、适情、适性，只有如此，才能达到预期的养生效果。

为了说明此番道理，庄子专门作了篇《养生主》。

人的生命是有限的，而知识却是无穷的。以有限的生命去追求无穷的知识，势必会陷入疲困；既然如此还在不停地追求知识，就会更加疲困不堪了！做善事不去贪图名声，做恶事不至于面对刑戮之苦。把顺应自然作为养生的常法，便可以保全身体，可以保全天性，可以享尽天年。

厨师庖丁给文惠君宰牛，分解牛体时手接触的地方，肩靠着的地方，脚踩踏的地方，膝抵住的地方，都发出砉砉的声响，快速进刀时刷刷的声音，无不像美妙的音乐旋律，符合《桑林》舞曲的节奏，又合于《经首》乐章的韵律。

文惠君说："嘻，妙呀！技术怎么达到如此高超的地步呢？"

厨师庖丁放下刀回答说："我所喜好的是摸索事物的规律，比起一般的技术、技巧又进了一层。我开始分解牛体的时候，所看见的是一头整牛。三年之后，就不曾再看到整体的牛了。现在，我只用心神去接触而不必用眼睛去观察，眼睛的官能似乎停了下来而精神世界还在不停地运行。依照牛体自然的生理结构，劈击肌肉骨骼间大的缝隙，把刀导向那些骨节间大的空处，顺着牛体的天然结构去解剖；从不曾碰撞过经络结聚的部位和骨肉紧密连接的地方，何况那些大骨头呢！优秀的厨师一年更换一把刀，因为他们是在用刀割肉；普通的厨师一个月就更换一把刀，因为他们是在用刀砍骨头。如今我使用的这把刀已经

庄子传

十九年了，所宰杀的牛牲上千头了，而刀刃锋利就像刚从磨刀石上磨过一样。牛的骨节乃至各个组合部位之间是有空隙的，而刀刃几乎没有什么厚度，用薄薄的刀刃插入有空隙的骨节和组合部位间，对于刀刃的运转和回旋来说那是多么宽绰而有余地呀。所以我的刀使用了十九年，刀锋仍像刚从磨刀石上磨过一样。虽然这样，每当遇上筋腱、骨节聚结交错的地方，我看到难于下刀，为此而格外谨慎不敢大意，目光专注，动作迟缓，动刀十分轻微。牛体霍霍地全部分解开来，就像是一堆泥土堆放在地上。我于是提着刀站在那儿，为此而环顾四周，为此而踌躇满志，这才擦拭好刀收藏起来。"

　　文惠君说："妙啊，我听了庖丁的这一番话，从中得到养生的道理了。"

庖丁解牛，按照牛自然生长的骨骼脉络解剖，游刃有余。文惠君听了庖丁的讲述，以为自己已经掌握了养生的要领。通过庖丁的讲述，不难看出文惠君所明白的养生的道理有二：

一是避开是非与矛盾，可以逢凶化吉；

二是依乎天理，顺其自然。

就养生来说，避开是非与矛盾是指凡事不要扭着来，要懂得取舍。

关于舍取，庄子在《山木》篇里，讲了一个鲜明的例子：

　　子桑雽曰："子独不闻假人之亡与？林回弃千金之璧，负赤子而趋。或曰：'为其布与？赤子之布寡矣；为其累与？赤子之累多矣。弃千金之璧,负赤子而趋,何也?'林回曰:'彼以利合,此以天属也。'夫以利合者,迫穷祸患害相弃也。以天属者,迫穷祸患害相收也。夫相收之与相弃亦远矣。且君子之交淡若水,小人之交甘若醴;君子淡以亲,小人甘以绝。彼无故以合者,则无故以离。"

(子桑雽说:"你没有听说过那假国人的逃亡吗? 林回舍弃了价值千金的璧玉,背着婴儿就跑。有人议论:'他是为了钱财吗? 初生婴儿的价值太少太少了。 他是为了怕拖累吗? 初生婴儿的拖累太多太多了。舍弃价值千金的璧玉,背着婴儿就跑,为了什么呢?'林回说:'价值千金的璧玉跟我是以利益相合,这个孩子跟我则是以天性相连。'以利益相合的,遇上困厄、灾祸、忧患与伤害就会相互抛弃;以天性相连的,遇上困厄、灾祸、忧患与伤害就会相互包容。相互收容与相互抛弃差别也就太远了。而且君子的交谊淡得像清水一样,小人的交情甜得像甜酒一样;君子淡泊却心地亲近,小人甘甜却利断义绝。大凡无缘无故而接近相合的,那么也会无缘无故地离散。")

林回弃璧负婴,依乎天性行事,可谓是懂得取舍的人了。

养生要依乎天理,顺其自然,就是指养生要适己、适情、适性,不必刻意追求长生。

顺其自然是养生之本。庄子《德充符》中说"不以好恶内伤其身,常因自然而不益生",不让好恶损害自己内在的本性,常常顺其自然而不随意地用人为的方式去增益生命,自然而然地按生命的规律去休养生息。

在《达生》篇里,庄子明明白白倡导世人要浑沌养生。

不开人之天,而开天之天,开天者德生,开人者贼生。不厌其天,不忽于人,民几乎以其真!(《达生》)

(不要开启人为的思想与智巧,而要开发自然的真性。开发了自然的真性则随遇而安,获得生存;开启人为的思想与智巧,就会处处使生命受到残害。不要厌恶自然的禀赋,也不忽视人为的才智,人们也就几近纯真无伪了!)

二、重生保身

重生即重视生命。

重生为庄子毕生追求的信念。人生一世,草木一秋,在庄子看来,人世上没有什么比生命更宝贵的了。在《让王》篇里,庄子以一个故事,为世人引出"重生"这一概念:

中山公子牟谓瞻子曰:"身在江海之上,心居乎魏阙之下,奈何?"

瞻子曰:"重生,重生则利轻。"

中山公子牟曰:"虽知之,未能自胜也。"

瞻子曰:"不能自胜则从,神无恶乎? 不能自胜而强不从者,此之谓重伤。重伤之人,无寿类矣。"

魏牟,万乘之公子也,其隐岩穴也,难为于布衣之士。

(中山公子牟对瞻子说:"我虽身居江湖之上,心思却时常留在宫廷里,怎么办呢?"

瞻子说:"重视生命。重视生命的存在就会看轻名利。"

中山公子牟说:"虽然我也知道这个道理,可总是不能克制住自己。"

瞻子说:"不能克制自己就听其自然放任不羁,这样你的心神会不厌恶对于宫廷生活的眷念吗?不能自己克制自己而又要勉强地管束自己,这就叫做双重损伤。心神受到双重损伤的人,就不能长寿了。"

魏牟,是万乘大国的公子,他隐居在山岩洞穴中,比起平民百姓来这就难为得多了。)

就此,庄子提出不重生就不能达到长寿的观点。意即,要想长寿,必须重生。

为什么必须重生呢?

庄子举了一个例子:

韩魏相与争侵地。子华子见昭僖侯,昭僖侯有忧色。

子华子曰:"今使天下书铭于君之前,书之言曰:'左手攫之则右手废,右手攫之则左手废,然而攫之者必有天下。'君能攫之乎?"

昭僖侯曰:"寡人不攫也。"

子华子曰:"甚善!自是观之,两臂重于天下也,身亦重于两臂。韩之轻于天下亦远矣,今之所争者,其轻于韩又远。君固愁身伤生以忧戚之不得也!"

僖侯曰:"善哉!教寡人者众矣,未尝得闻此言也。"

152

（韩国和魏国相互争夺边界上的土地。华子拜见昭僖侯，昭僖侯正面带忧色。

子华子说："如今让天下所有人都来到你面前写下誓约，誓约写道：'左手抓取东西那么右手就砍掉，右手抓取东西那么左手就砍掉，不过抓取东西的人一定会拥有天下。'君侯会抓取吗？"

昭僖侯说："我是不会去抓取的。"

子华子说："很好！由此观之，两只手臂比天下更为重要，而身体又比两只手臂重要。韩国比起整个天下实在是微不足道的了，如今两国所争夺的土地，比起韩国来又更是微不足道的了。你又何苦愁坏身体、损害生命而担忧得不到那边界上的弹丸之地呢！"

昭僖侯说："好啊！劝我的人很多，却不曾听到过如此高明的言论。"）

以一个轻重相比的例子，子华子就让昭僖侯明白了与生命相比，拥有天下江山算不了什么。为了佐证自己的观点，庄子列举出如下的例子：

尧以天下让许由，许由不受。又让于子州支父，子州支父曰："以我为天子，犹之可也。虽然，我适有幽忧之病，方且治之，未暇治天下也。"夫天下至重也，而不以害其生，又况他物乎！唯无以天下为者，可以托天下也。

舜让天下于子州支伯。子州支伯曰："予适有幽忧之病，方且治之，未暇治天下也。"故天下大器也，而不以易生，此有道者之所以异乎俗者也。

舜以天下让善卷，善卷曰："余立于宇宙之中，冬日衣皮毛，夏日衣葛絺；春耕种，形足以劳动；秋收敛，身足以休食；日出而作，日入而息，逍遥于天地之间而心意自得。吾何以天下为哉！悲夫，子之不知余也！"遂不受。于是去而入深山，莫知其处。

舜以天下让其友石户之农，石户之农曰："卷卷乎后之为人，葆力之士也！"以舜之德为未至也，于是夫负妻戴，携子以入于海，终身不反也。

（尧把天下让给许由，许由不接受。又让给子州支父，子州支父说："让我来做天子，还是可以的。不过，我正患有很深很顽固的病症，正打算认真治一治，没有空闲时间来治天下。"统治天下是地位最高、权力最重的了，却不能因此而妨碍自己的生命，更何况是其他的事物呢？只有忘却天下而无所作为的人，才可以把统治天下的重任托付给他。

舜让天下给子州支伯，子州支伯说："我正患有很深很顽固的病症，正打算认真治一治，没有多余时间来治理天下。"因此，天下应当是最为贵重的大器物了，可是不能用它来替换生命，这就是怀道的人对待天下跟世俗大不一样的原因。

舜又把天下让给善卷，善卷说："我处在宇宙之中，冬天披柔软的皮毛，夏天穿细细的葛布；春天耕地下种，形躯能够承受这样的劳作；秋天收割贮藏，自身完全能够满足给养；太阳升起时就下地干活儿，太阳下山了就返家安息，无拘无束地生活在天地之间而心中的快意只有我自身能够领受。我又哪里用得着去统治天下呢！可悲啊，你真不了解我！"也就没有接受。于是善卷离开了家而隐居深山，再没有人能够知道他的住处。

舜再把天下让给他的朋友，石户地方的一位农夫，这位石户的农夫说："国君的为人实在是尽心尽力了，真是个勤苦劳累的人！"他认为舜的德行还未能达到最高的境界，于是夫妻二人背的背、扛的扛，带着子女逃到海上的荒岛，终身不再返回。）

尽管统治天下的权势炙手可热，而因妨碍重生，许由、善卷等坚决拒绝，甚而至于不惜以隐居的方式来逃避舜的殷殷禅让。

既然重生重于一切，那么，如果在生活中不期遭遇不测，应该如何应对与化解呢？

庄子以孙叔敖三起三落的故事，为天下人支着。

肩吾问于孙叔敖曰："子三为令尹而不荣华，三去之而无忧色。吾始也疑子，今视子之鼻间栩栩然，子之用心独奈何？"

孙叔敖曰："吾何以过人哉！吾以其来不可却也，其去不可止也。吾以为得失之非我也，而无忧色而已矣。我何以过人哉！且不知其在彼乎？其在我乎？其在彼邪？亡乎我；在我邪？亡乎彼。方将踌躇，方将四顾，何暇至乎人贵人贱哉！"

仲尼闻之曰:"古之真人,知者不得说,美人不得滥,盗人不得劫,伏戏、黄帝不得友。死生亦大矣,而无变乎己,况爵禄乎!若然者,其神经乎大山而无介,入乎渊泉而不濡,处卑细而不惫,充满天地,既以与人,已愈有。"

(肩吾问孙叔敖:"您三次出任令尹却不炫耀,您三次被罢官也没有露出忧愁的神色,起初我对你确实不敢相信,如今看见你容颜是那么欢畅自适,您心里到底是怎么想的呢?"

孙叔敖说:"我哪里有什么过人之处啊!我认为官职爵禄的到来不必去推却,它们的离去也不可以去阻止。我认为得与失都不是出自我自身,因而没有忧愁的神色罢了。我哪里有什么过人之处啊?况且我不知道这官爵是落在他人身上呢,还是落在我身上呢?落在他人身上呢,那就与我无关;落在我的身上呢,那就与他人无关。我正心安理得悠闲自在,我正踌躇满志四处张望,哪里有闲暇去顾及人的尊贵与卑贱啊!"

孔子听到这件事,说:"古时候的真人,智者不能说服他,漂亮的女人不能使他淫乱,强盗不能够抢劫他,就是伏羲和黄帝也无法跟他结为朋友。死与生也算得上是大事情了,却不能使他有什么改变,更何况是爵位与俸禄呢?像这样的人,他的精神穿越大山而不会有阻碍,潜入深渊也不会沾湿衣裳,处身卑微却不会感到困乏,他的精神充满于天地,将全部奉献给他人,自己反而越发感觉到充实。")

人生有起伏,逆境难免。但若能像孙叔敖那样抛却荣辱,不去患得患失,不论处于何种境地,始终保持一颗平常心,那就没有什么能够侵害我们的精神了,从而达到保养生命的效果。

重生保身,精神保养不可或缺,但心中也要有所戒。

戒什么?

戒贪利忘生。

且看庄子笔下,列御寇是如何做的:

> 子列子穷,容貌有饥色。客有言之于郑子阳者,曰:"列御寇,盖有道之士也,居君之国而穷,君无乃为不好士乎?"郑子阳即令官遗之粟。子列子见使者,再拜而辞。
>
> 使者去,子列子入,其妻望之而拊心曰:"妾闻为有道者之妻子,皆得佚乐,今有饥色。君过而遗先生食,先生不受,岂不命邪!"
>
> 子列子笑,谓之曰:"君非自知我也。以人之言而遗我粟,至其罪我也又且以人之言,此吾所以不受也。"其卒,民果作难而杀子阳。
>
> (列子生活贫困,面容常有饥色。有人对郑国的相国子阳说起这件事:"列御寇,是一位有道的人,住在你治理的国家却如此贫困,你恐怕不喜欢贤达的士人吧?"子阳立即派官吏送给列子米粟。列子见到派来的官吏,再三辞谢不接受子阳的赐予。
>
> 官吏离去后,列子进到屋里,列子的妻子埋怨他,拍着胸脯伤心地说:"我听说作为有道的人的妻子儿女,都能够享受安逸快乐,可是如今我们却面有饥色。郑相子阳瞧得

起先生方才会把食物赠送给先生，可是先生拒不接受，这难道不是命里注定要忍饥挨饿吗！"

列子笑着对她说："郑相子阳并不是亲自了解了我。他因为别人的谈论而派人赠予我米粟，等到他想加罪于我时必定仍会凭借别人的谈论，这就是我不愿接受他赠予的原因。"后来，百姓果真发难而杀死了子阳。）

因"君非自知我也"，列子拒不接受子阳的馈赠，不愿跟子阳有什么掺搅，从而避免了因子阳之祸受到连累，保持住自身清白，也保住了全家的性命。

在庄子眼里，列子可谓有一种强烈的免害保身的重生意识。因为庄子向来反对"危身弃生以殉物"。

三、修心养生

战国时期，人的平均寿命只有三十多岁，而在战乱纷纷的年代里，庄子却活了八十三岁，不可谓不是奇迹。

那么，庄子为何能如此长寿呢？

答案明摆着，庄子注重养生。

注重养生的庄子一生修心。

一生修心的庄子，注重修心养生。

考察庄子的生命轨迹，不难看出，庄子一生淡泊而乐观，"不为物驱，不为利动"。具体而言，就是少私、清静、寡欲、乐观。此即庄子的修心之法。

关于修心养性，庄子在《则阳》篇里有具体的描述：

今人之治其形,理其心,多有似封人之所谓,遁其天,离其性,灭其情,亡其神,以众为。故卤莽其性者,欲恶之孽为性,萑苇蒹,始萌以扶吾形,寻擢吾性;并溃漏发,不择所出,漂疽疥痈,内热溲膏是也。

(如今人们治理自己的形体,修养自己的心性,许多都像那守护封疆的人所说的情况,逃避自然,背离天性,泯灭真情,丧失精神,以此从众而追逐俗事。所以对待本性真情粗疏鲁莽的人,欲念与邪恶的祸根,就像萑苇、蒹葭遮蔽禾黍那样危害人的本性,开始时似乎还可以用来扶养人的形体,逐渐地就拔除了自己的本性,就像遍体毒疮一齐溃发,不知选择什么地方泄出,毒疮流脓,内热遗精就是这样。)

那么,该如何修心呢?

"不荡胸中则正,正则静,静则明,明则虚,虚则无为而无不为也。"(不在胸中震荡,内心就会平正,内心平正就会宁静,宁静就会明澈,明澈就会虚空,虚空就能恬适顺应无所作为而又无所不为。)

"静然可以补病,眦搣可以休老,宁可以止遽。虽然,若是,劳者之务也,佚者之所未尝过而问焉。"(心静可以调养病体,按摩可以延缓衰老,宁寂安定可以平息内心的急躁。虽然如此,像这样,仍是操劳的人所务必要做到的,闲逸的人却从不予以过问。)

除了给予养生方法上的具体指导,庄子还告知养生之人,在从事养生时,要保持良好的心境。

> 宇泰定者,发乎天光。发乎天光者,人见其人,物见其物。人有修者,乃今有恒;有恒者,人舍之,天助之。人之所舍,谓之天民;天之所助,谓之天子。

> (心境安泰镇定的人,就会发出天然的光芒。发出天然光芒的,人各自显其为人,物各自显其为物。注重修养的人,才能恒久保持天性,恒久保持天性,人们就会归附他,上天也会帮助他。人们所归附的,被称为天民;上天辅佐的,称之为天子。)

保持住良好的心境如此高妙,那么,该将如何保养心灵呢?为此,庄子给出了一套具体方案:

> 备物以将形,藏不虞以生心,敬中以达彼,若是而万恶至者,皆天也,而非人也,不足以滑成,不可内于灵台。灵台者,有持而不知其所持,而不可持者也。

> 不见其诚己而发,每发而不当,业入而不舍,每更为失。为不善乎显明之中者,人得而诛之;为不善乎幽暗之中者,鬼得而诛之。明乎人,明乎鬼者,然后能独行。

> 券内者,行乎无名;券外者,志乎期费。行乎无名者,唯庸有光;志乎期费者,唯贾人也,人见其跂,犹之魁然。与物穷者,物入焉;与物且者,其身之不能容,焉能容人!不能容人者无亲,无亲者尽人。兵莫憯于志,镆铘为下;寇莫大于阴阳,无所逃于天地之间。非阴阳贼之,心则使之也。

160

（备足造化的事物而顺应成形，深敛外在情感而修养心神，谨慎地持守心中的一点灵气用以通达外在事物，像这样做而各种灾祸仍然纷至沓来，那就是上天安排的结果，而不是人为所造成，因而不足以扰乱成性，也不可以纳入灵台。灵台，就是有所持守却不知道持守什么，并且不可以着意去持守的地方。

不能表现真诚的自我而任情感外发，每次外发却总是不合时宜，习以成性之后而不舍弃，就每每错上加错。在光天化日下做了坏事，人人都会谴责他、惩罚他；在昏暗处隐蔽地做下坏事，鬼神也会谴责他、惩罚他。对人能光明清白，对鬼神也光明清白，这样便能独行于世。

契合内心，行事就不显于名声；契合外物，心思则会求取显用。行事不显名声的人，即使平庸也有光辉；心思在于求取显用的人，只不过是商人而已，人人都能看清他们在奋力追求外在的东西，还自以为很高大。与外物顺应相通的人，外物必将归附于他；跟外物相互阻隔的人，他们连自身都不能相容，又怎么能容纳他人！不能容人的人无法与人亲近，无法与人亲近的人也就为人们所弃绝。没有比人心更厉害的武器了，即使是名剑莫邪也只能算是下等兵器；没有寇敌比阴阳造化更为巨大，所以任何人都无法逃脱出天地之间。其实并非阴阳造化伤害人们，而是人们心神自扰不能顺应阴阳的变化而使自身受到伤害。）

但在庄子看来，最高的修心之法，当为忘我。庄子在《达生》篇里是这么说的：

工倕旋而盖规矩，指与物化而不以心稽，故其灵台一而不桎。忘足，屦之适也；忘要，带之适也；知忘是非，心之适也；不内变，不外从，事会之适也。始乎适而未尝不适者，忘适之适也。

（工倕随手画来就胜过用圆规与矩尺画出的，手指跟随事物一道变化而不须用心留意，所以他心灵深处专一凝聚而不曾受过拘束。忘掉了脚，便是鞋子的舒适；忘掉了腰，便是带子的舒适；知道忘掉是非，便是内心的安适；不改变内心的持守，不顺从外物的影响，便是遇事的安适。本性常适而从未有过不适，也就是忘掉了安适的安适。）

在庄子眼里，忘我就是去除内心的约束，摒除杂念，放下所有的精神负担，从而达到无拘无束的境界。

人只有放下自我，才能做到随心随性。

能不能摒除杂念，放下所有的精神负担，一致抵达上述各种境界，全靠自己的努力及修行。必要时，还须借助外力，即他人的帮助。

为了说明在养生时，排除心中杂念，放下所有的精神负担的重要性，庄子在《达生》篇里，描述了齐桓公祛鬼的故事：

桓公田于泽，管仲御，见鬼焉。公抚管仲之手曰："仲父何见？"对曰："臣无所见。"

公反，诶诒为病，数日不出。

齐士有皇子告敖者曰："公则自伤，鬼恶能伤公！夫忿滀之气，散而不反，则为不足；上而不下，则使人善怒；下而不上,则使人善忘;不上不下,中身当心,则为病。"

桓公曰:"然则有鬼乎?"

曰:"有。沈有履,灶有髻。户内之烦壤,雷霆处之,东北方之下者,倍阿鲑蠪跃之;西北方之下者,则泆阳处之。水有罔象,丘有峷,山有夔,野有彷徨,泽有委蛇。"

公曰:"请问,委蛇之状何如?"

皇子曰:"委蛇,其大如毂,其长如辕,紫衣而朱冠。其为物也,恶闻雷车之声,则捧其首而立。见之者殆乎霸。"

桓公辴然而笑曰:"此寡人之所见者也。"于是正衣冠与之坐,不终日而不知病之去也。

(齐桓公在草泽中打猎,管仲替他驾车,突然桓公见到了鬼。桓公拉住管仲的手说:"仲父,你见到了什么?"管仲回答:"我没有见到什么。"

桓公打猎回来,受惊吓而生了病,好几天都不出门。

齐国有个士人叫皇子告敖的对齐桓公说:"你是自己伤害了自己,鬼怎么能伤害你呢!身体内部郁结着气,精魂就会离散而不返归于身,对来自外界的骚扰也就缺乏足够的精神力量。郁结着的气上通而不能下达,就会使人易怒;下达而不能上通,就会使人健忘;不上通又不下达,郁结内心而不离散,那就会生病。"

桓公说:"那么有鬼吗?"

皇子告敖回答:"有。水中污泥里有叫履的鬼,灶里有叫髻的鬼。门户内的各种烦攘,为名叫雷霆之鬼待的地方;东北的墙下,有名叫倍阿鲑蠪的鬼在跳跃;西北方的墙下，有名叫泆阳的鬼住在那里。水里有水鬼罔象，丘陵里有山鬼峷，大山里有山鬼夔，郊野里有野鬼彷徨，草泽里还有一种名叫委蛇的鬼。"

桓公接着问："请问，委蛇的形状怎么样？"

皇子告敖回答："委蛇，身躯大如车轮，长如车辕，穿着紫衣戴着红帽。他作为鬼神，最讨厌听到雷车的声音，一听见就两手捧着头站着。见到了他的人恐怕也就成了霸主了。"

桓公听了后开怀大笑，说："这就是我所见到的鬼。"于是整理好衣帽跟皇子告敖坐着谈话，不到一天时间病也就不知不觉地消失了。）

一句"见到了他的人恐怕也就成了霸主了"立刻让吓病了的齐桓公精神好转过来，可谓扭转乾坤。这足以说明在养生时排除精神负担的必要性。

庄子的《人间世》篇中有这样一段话：

若一志；无听之以耳，而听之以心；无听之以心，而听之以气；听止于耳，心止于符。气也者，虚而待物者也。唯道集虚，虚者，心斋也。

（你心志专一，不用耳朵去听而是用心去听，进一步不用心听而用气去感应。耳朵的作用止于聆听外物，心的作用止于与外物结合。气这东西，是虚空而能容纳万物的。只有达到空明的虚境才能容纳道的聚集。这种虚境，就是心斋。）

庄子认为,修心当斋心。

庄子的斋心之法可分七步:一曰外天地,二曰外物,三曰外生(超越生命),四曰朝彻(内心豁然大亮),五曰见独(见到整体——物我为一),六曰无古今(超越时间),七曰不生不死。

为了形象说明斋心有大用,庄子在《在宥》篇里,说了这么一个生动的故事:

> 云将东游,过扶摇之枝而适遭鸿蒙。鸿蒙方将拊脾雀跃而游。云将见之,倘然止,贽然立,曰:"叟何人邪? 叟何为此?"
>
> 鸿蒙拊脾雀跃不辍,对云将曰:"游!"
>
> 云将曰:"朕愿有问也。"
>
> 鸿蒙仰而视云将曰:"吁!"
>
> 云将曰:"天气不和,地气郁结,六气不调,四时不节。今我愿合六气之精以育群生,为之奈何?"
>
> 鸿蒙拊脾雀跃掉头曰:"吾弗知! 吾弗知!"
>
> 云将不得问。又三年,东游,过有宋之野,而适遭鸿蒙。云将大喜,行趋而进曰:"天忘朕邪? 天忘朕邪?"再拜稽首,愿闻于鸿蒙。
>
> 鸿蒙曰:"浮游不知所求,猖狂不知所往,游者鞅掌,以观无妄。朕又何知!"
>
> 云将曰:"朕也自以为猖狂,而民随予所往;朕也不得已于民,今则民之放也,愿闻一言。"
>
> 鸿蒙曰:"乱天之经,逆物之情,玄天弗成,解兽之群而鸟皆夜鸣,灾及草木,祸及止虫。噫! 治人之过也!"

云将曰："然则吾奈何？"

鸿蒙曰："噫！毒哉！仙仙乎归矣！"

云将曰："吾遇天难，愿闻一言。"

鸿蒙曰："噫！心养。汝徒处无为，而物自化。堕尔形体，黜尔聪明，伦与物忘；大同乎涬溟。解心释神，莫然无魂。万物云云，各复其根，各复其根而不知。浑浑沌沌，终身不离；若彼知之，乃是离之。无问其名，无窥其情，物固自生。"

云将曰："天降朕以德，示朕以默。躬身求之，乃今得也。"再拜稽首，起辞而行。

（云将到东方漫游，经过神木扶摇的枝旁时，恰巧遇上了鸿蒙。鸿蒙正拍着大腿像雀儿一样跳跃游乐。云将见鸿蒙那般模样，惊疑地停下来，纹丝不动地站着，恭敬地说："老人家是谁呀？老人家为什么这般动作？"

鸿蒙一边继续拍着大腿不停地跳跃，一边回答说："自在地游乐！"

云将说："我想请教您一些问题。"

鸿蒙抬起头来看了看云将，说道："嗯。"

云将说："气候不调和，地气不通畅，阴、阳、风、雨、晦、明六气不协调，四季变化不合节令。如今我希望调谐六气之精华来养育众多的生灵，该怎么做呢？"

鸿蒙拍腿跳跃摇头说："我不知道，我不知道。"

云将没有得到回答。过了三年，云将再次到东方漫游，经过宋国的原野恰巧又遇到了鸿蒙。云将喜出望外，快步来到近前说:"您忘记了我吗? 您忘记了我吗?"再次趴在地上磕头,希望得到鸿蒙的指教。

鸿蒙说:"我上下漂浮,不知道追求什么;漫不经心地随意活动,不知道往哪里去。游乐人自由自在地遨游,观察万物的真相。我又能知道什么!"

云将说:"我原来也很想随心所欲地四处活动,然而,民众却总是跟着我前往;我也是不得已才君临天下的,现在民众都仿效我,所以想听听您的高见。"

鸿蒙说:"扰乱了自然的常规,违反了万物的本性,上天就不会让你成功;群兽离散,禽鸟夜鸣;灾害波及草木,祸患波及昆虫。唉,这都是治人的过错呀!"

云将说:"那么我将怎么办呢?"

鸿蒙说:"唉,你受到的毒害实在太深啊! 你还是轻飘飘地回去吧。"

云将说:"我遇见您太不容易了,希望您千万不吝赐教。"

鸿蒙说:"唉! 重在养心吧。你只要做到无为,万物自会变化。忘却你的形体,废弃你的聪明,物我两忘,与自然元气混为一体,心如止水,解除思虑释放精神,像死灰一样木然地没有魂灵。万物纷纭,全都各自回归本性,各自回归本性却是出自无心,浑然无知保持本真,终身不得背违;假如有所感知,就是背离本真。不要窥测万物的情况;万物本来就是自生自灭的。"

云将说:"您赐我大德,教我以静默;由于我亲身求道,今天总算如愿以偿了。"再次伏地磕头，起身辞别而去。）

摈除掉精神负担，不随外物，斋心，淡泊明志，只要人人能如庄子那样，一生做到少私、清静、寡欲、乐观，必定能达到追求养生所预期的效果。

四、乐观养生

庄子一生清贫，但清贫的庄子主张乐观养生。

在《至乐》篇里，庄子如是说：

> 天下有至乐无有哉？有可以活身者无有哉？今奚为奚据？奚避奚处？奚就奚去？奚乐奚恶？
>
> 夫天下之所尊者，富贵寿善也；所乐者，身安厚味美服好色音声也；所下者，贫贱天恶也；所苦者，身不得安逸，口不得厚味，形不得美服，目不得好色，耳不得音声。若不得者，则大忧以惧，其为形也亦愚哉！
>
> 夫富者，苦身疾作，多积财而不得尽用，其为形也亦外矣。夫贵者，夜以继日，思虑善否，其为形也亦疏矣。人之生也，与忧俱生。寿者惛惛，久忧不死，何之苦也！其为形也亦远矣。烈士为天下见善矣，未足以活身。吾未知善之诚善邪，诚不善邪？若以为善矣，不足活身；以为不善矣，足以活人。
>
> 今俗之所为与其所乐，吾又未知乐之果乐邪，果不乐邪？吾观夫俗之所乐，举群趣者，硁硁然如将不得已，而皆

曰乐者,吾未之乐也,亦未之不乐也。果有乐无有哉?吾以无为诚乐矣,又俗之所大苦也。故曰:"至乐无乐,至誉无誉。"

天下是非果未可定也。虽然,无为可以定是非。至乐活身,唯无为几存。

(天下到底有没有至极的快乐?有没有可以保全生命的方法?现在应当做什么,以什么为依据?回避什么?安于什么?怎样趋就?怎样舍弃?喜欢什么?厌恶什么?

天下人所崇尚的,是富有、尊贵、长寿、善名;所喜欢的,是身体安逸、山珍海味、华美服饰、娇艳容貌、悦耳音乐;而所卑贱的,是贫穷下贱、短命恶名;所痛苦的,是身体不得安逸,吃不着山珍海味,穿不上华美服饰,看不到娇艳容貌,听不见悦耳音乐。如果得不到这些,就会大为忧虑恐惧,这对养生来说,也太愚蠢了!

富有之人,身体劳苦,拼命工作,多积财富却不能尽情享用,这对养生来说,不也太外行了!高贵之人,夜以继日,权衡利弊,这对养生来说,也太疏忽了!人一出生,与忧并存。长寿的人昏昏沉沉,长期忧愁而不死去,这是何等痛苦呀!这对养生来说,真是离得太远了!烈士被天下人赞扬,却无法保全自己的生命。我真的不知道这种善到底是真的善呢,还是真的不善?如果以为是善,却不能够保全自己的生命;以为不善,却足以使他人存活。

现在世俗的所作所为以及他们的快乐,我也不知道是真的快乐呢,还是根本不快乐?我观察世俗的快乐,所有的人趋之若鹜，争先恐后好像身不由己似的，却都异口同声地说是快乐，而我却不知道这些是快乐还是不快乐。到底有没有快乐呢？我以为无为才是真正的快乐，而世俗却知道是极大的痛苦。所以说："最大的快乐就是无乐，最高的荣誉就是无誉。"

天下的是是非非实在是没法确定的。即便如此，无为却可以定是非。寻求极乐，保全生命，唯有无为差不多可以达到目的。）

由此可以看出，庄子主张快乐养生，意即乐观养生。

在庄子看来，乐观养生，首先得修养道德。

庄子如是推行道德修养：

刻意尚行，离世异俗，高论怨诽，为亢而已矣。此山谷之士，非世之人，枯槁赴渊者之所好也。语仁义忠信，恭俭推让，为修而已矣。此平世之士，教诲之人，游居学者之所好也。语大功，立大名，礼君臣，正上下，为治而已矣。此朝廷之士，尊主强国之人，致功并兼者之所好也。

若夫不刻意而高，无仁义而修，无功名而治，无江海而闲，不道引而寿，无不忘也，无不有也。淡然无极而众美从之。此天地之道，圣人之德也。（《刻意》）

（磨砺心志崇尚修养，超脱尘世不同流俗，谈吐不凡，抱怨怀才不遇而讥评世事无道，算是孤高卓群罢了，这样做乃是避居山谷的隐士，是愤世嫉俗的人，正是那些洁身自好、宁可以身殉志的人所一心追求的。宣扬仁爱、道义、忠贞、信实和恭敬、节俭、辞让、谦逊，算是注重修身罢了。这样做乃是意欲平定治理天下的人，是对人施以教化的人，正是那些游说各国而后退居讲学的人所一心追求的。宣扬大功，树立大名，用礼仪来划分君臣的秩序，并以此端正和维护上下各别的地位，算是投身治理天下罢了，这样做乃是身居朝廷的人，尊崇国君强大国家的人，正是那些醉心于建立功业、开拓疆土的人所一心追求的。

若不需要磨砺心志而自然高洁，不需倡导仁义而自然修身，不需追求功名而天下自然得到治理，不需避居江湖而心境自然闲暇，不需舒活经络气血而自然寿延长久，没有什么不忘于身外，而又没有什么不居于自身，宁寂淡然而且心智从不滞留一方，世上一切美好的东西都汇聚在他的周围。这才是像天地一样的永恒之道，这才是圣人无为的无尚之德。）

推行道德修养，庄子可谓不遗余力。在庄子看来，只有具备了一定的道德修养，世人才能达到陶冶性情的境地。

但是，如何陶冶性情呢？

庄子作《缮性》予以表述：

缮性于俗学，以求复其初；滑欲于俗思，以求致其明；谓之蔽蒙之民。

古之治道者，以恬养知；知生而无以知为也，谓之以知养恬。知与恬交相养，而和理出其性。夫德，和也；道，理也。德无不容，仁也；道无不理，义也；义明而物亲，忠也；

中纯实而反乎情,乐也;信行容体而顺乎文,礼也。礼乐遍行,则天下乱矣。彼正而蒙己德,德则不冒。冒则物必失其性也。

古之存身者,不以辩饰知,不以知穷天下,不以知穷德,危然处其所而反其性,己又何为哉!道固不小行,德固不小识。小识伤德,小行伤道。故曰,正己而已矣。乐全之谓得志。

古之所谓得志者,非轩冕之谓也,谓其无以益其乐而已矣。今之所谓得志者,轩冕之谓也。轩冕在身,非性命也,物之傥来,寄者也。寄之,其来不可圉,其去不可止。故不为轩冕肆志,不为穷约趋俗,其乐彼与此同,故无忧而已矣!今寄去则不乐。由是观之,虽乐,未尝不荒也。故曰,丧己于物,失性于俗者,谓之倒置之民。

(用世俗之学修治性情,想要复归本性;靠世俗之念规范欲望,想要明达事理,这真是蒙昧之民。

古时修道术的人,是以恬静来调养心智;心智生成却不用智巧行事,可称它为以心智调养恬静。心智和恬静交相调治,就可以形成中和顺理之性。各人能自我端正又能收敛自己的德行,德,就是谐和;道,就是顺应。德无所不容,就叫做仁;道无所不顺,就叫做义。义理彰明因而物类相亲,就叫做忠;心中淳厚朴实而且返归本真,就叫做乐;诚信著显、容仪得体而且合于一定礼仪的节度和表征,就叫做礼。礼乐偏执一方而又多方有失,那么天下定然大乱了。各人自我端正而且敛藏自己的德行,德行也就不会冒犯他人,德行冒犯他人那么万物必将失却自己的本性。

古时候善于保存自身的人,不用辩说来巧饰智慧,不用智巧使天下人困窘,也不用心智使德行受到困扰,独立自处而返归自然的本性,又何必一定得去做些什么呢!道不是世俗之行,德不是世俗之见。世俗之见危害德,世俗之行危害道。所以说,端正自身就可以了。保全内在纯朴的心性就是得志。

古时候所说的自得自适的人,不是指高官厚禄地位尊显,说的是出自本然的快意而没有必要再添加什么罢了。现在人们所说的快意自适,是指高官厚禄地位显赫。荣华富贵在身,并不出自本然,犹如外物偶然到来,是临时寄托的东西。外物寄托,它们到来不必加以阻挡,它们离去也不必加以劝止。所以不可为了富贵荣华而恣意放纵,不可因为穷困贫乏而趋炎附势,富也好穷也罢,其间的快意相同,因而没有忧愁罢了。如今寄托之物离去便觉不能快意,这样看来,虽然看上去很快乐,但内心未尝不是心慌意乱的。所以说,因追求外物而丧失自身,为附和世俗而丧失本性的,就叫做本末倒置的人。)

在此,庄子明确提出,养生不分富贵与贫穷。为了佐证自己的观点,在《让王》篇里,庄子搬出曾子忍受贫穷的故事:

曾子居卫,缊袍无表,颜色肿哙,手足胼胝。三日不举火,十年不制衣,正冠而缨绝,捉衿而肘见,纳屦而踵决。曳,縰而歌《商颂》,声满天地,若出金石。天子不得臣,诸侯不得友。故养志者忘形,养形者忘利,致道者忘心矣。

（曾子居住在卫国,用乱麻充作絮里的袍子没有外罩,
破破烂烂,满脸浮肿,手和脚都磨出了厚厚的老茧。他三
天没有生火做饭,十年没有添置新衣,正一正帽子帽带就
会断掉,提一提衣襟臂肘就会外露,穿一穿鞋子鞋后跟就
会裂开。他还拖拉着破鞋吟咏《商颂》,声音洪亮响彻云
霄,就像用金属和石料做成的乐器发出的声响。天子不能
把他看作是臣仆,诸侯不能跟他结交成朋友。所以,修养
心志的人能够忘却形体,调养身形的人能够忘却利禄,得
道的人能够忘却心机与智巧。）

庄
子
传

描述罢曾子不屑于贫穷、对于养生不分富贵与贫穷的观点,庄
子似乎意犹未尽,继续浓彩重墨。

孔子谓颜回曰:"回,来! 家贫居卑,胡不仕乎?"

颜回对曰:"不愿仕。回有郭外之田五十亩,足以给饘
粥;郭内之田十亩,足以为丝麻;鼓琴足以自娱;所学夫子
之道者足以自乐也。回不愿仕。"

孔子愀然变容,曰:"善哉,回之意! 丘闻之:'知足者,
不以利自累也;审自得者,失之而不惧;行修于内者,无位
而不怍。'丘诵之久矣,今于回而后见之,是丘之得也。"

（孔子对颜回说:"颜回,你过来! 你家境贫寒居处卑
微,为什么不出去做官呢?"

颜回回答说:"我不愿做官,城郭之外我有五十亩地,
足以供给我稠粥;城郭之内我有十亩地,足够用来种麻养

蚕;弹琴足以使我欢娱,学习先生所教给的道理足以使我快乐。因此我不愿做官。"

孔子听了深受感动,改变面容,说:"好啊,颜回的心愿!我听说:'知道满足的人不会因为利禄而使自己受到牵累,真正安闲自得的人遭受损失也不会畏缩焦虑,注意内心修养的人没有什么官职也不会因此惭愧。'我吟咏这样的话已经很久了,如今在你身上才算真正看到了它,这是我的收获啊。")

证明了养生跟贫穷与富贵无关,庄子铿锵地得出如下结论:

故曰:夫恬淡寂漠,虚无无为,此天地之平而道德之质也。故曰:圣人休休焉则平易矣。平易则恬淡矣。平易恬淡,则忧患不能入,邪气不能袭,故其德全而神不亏。故曰:圣人之生也天行,其死也物化。静而与阴同德,动而与阳同波。不为福先,不为祸始。感而后应,迫而后动,不得已而后起。去知与故,遁天之理。故无天灾,无物累,无人非,无鬼责。其生若浮,其死若休。不思虑,不豫谋。光矣而不耀,信矣而不期。其寝不梦,其觉无忧。其神纯粹,其魂不罢。虚无恬淡,乃合天德。故曰:悲乐者,德之邪也;喜怒者,道之过也;好恶者,德之失也。故心不忧乐,德之至也;一而不变,静之至也;无所于忤,虚之至也;不与物交,淡之至也;无所于逆,粹之至也。故曰:形劳而不休则弊,精用而不已则劳,劳则竭。水之性,不杂则清,莫动则平;郁闭而不流,亦不能清;天德之象也。故曰:纯粹而不杂，静一而不变，淡而无为，动而以天行，此养神之道也。
（《刻意》）

（所以说，恬淡、寂寞、虚空、无为，这是天地赖以均衡的基准，而且是道德修养的最高境界。

所以说，圣人总是停留在这一境域里，停留在这一境域也就平坦而无难了。安稳恬淡，那么忧患不能进入内心，邪气不能侵袭机体，因而他们的德行完整而内心世界不受亏损。

所以说，圣人生于世间顺应自然而运行，他们死离人世又像万物一样变化而去；平静时跟阴气一样宁寂，运动时又跟阳气一道波动。不做幸福的先导，也不为祸患的起始，外有所感而后内有所应，有所逼迫而后有所行动，不得已而后兴起。抛却智巧与事故，遵循自然的常规。因而没有自然的灾害，没有外物的牵累，没有旁人的非议，没有鬼神的责难。他们生于世间犹如在水面漂浮，他们死离人世就像疲劳后的休息。他们不思考，也不谋划。光亮但不刺眼，信实却不期求。他们睡觉不做梦，他们醒来无忧患，他们心神纯净精粹，他们魂灵从不疲惫。虚空而且恬淡，方才合乎自然的真性。

所以说，悲哀和欢乐乃是背离德行的邪妄，喜悦和愤怒乃是违反大道的罪过，喜好和憎恶乃是忘却真性的过失。因此内心不忧不乐，是德行的最高境界；持守专一而没有变化，是寂静的最高境界；不与任何外物相抵触，是虚豁的最高境界；不跟外物交往，是恬淡的最高境界；不与任何事物相违逆，是精粹的最高境界。

　　所以说，形体劳累而不休息那么就会疲乏不堪，精力使用过度而不止歇那么就会元气劳损，元气劳损就会精力枯竭。水的本性，不混杂就会清澈，不搅动就会平静，闭塞不流动也就不会纯清，这是自然本质的现象。

　　所以说，纯净精粹而不混杂，静寂持守而不改变，恬淡而又无为，运动则顺应自然而行，这就是养神的道理。）

　　"就薮泽，处闲旷，钓鱼闲处，无为而已矣。"
　　此为庄子主张的静态养生。
　　"吹呴呼吸，吐故纳新，熊经鸟申，为寿而已矣。"
　　此为庄子主张在静态养生的基础上，一定要适时运动。因为，生命在于运动。
　　"鸟兽不厌高，鱼鳖不厌深。夫全其形生之人，藏其身也，不厌深眇而已矣。"
　　此为庄子主张养生要讲大格局。热爱养生，只有格局足够大，你的人生境界才能广阔无边。

五、达观全生

　　泽雉十步一啄，百步一饮，不蕲畜乎樊中。神虽王，不善也。（《养生主》）

　　（草泽里的野鸡走上十步才能啄到一口食，走上百步才能喝到一口水，但它并不祈求被畜养在樊笼里。在樊笼中神态虽然旺盛，但并不自在。）

草泽里的野鸡，宁可忍受生存的艰辛，也不希望被畜养在樊笼里。就此可以看出，庄子主张达观养生。

关于达观养生，庄子专门作了篇《达生》予以倡导。

达生之情者，不务生之所无以为；达命之情者，不务命之所无奈何。养形必先之以物，物有余而形不养者有之矣；有生必先无离形，形不离而生亡者有之矣。悲夫！世之人以为养形足以存生；而养形果不足以存生，则世奚足为哉！虽不足为而不可不为者，其为不免矣。

夫欲免为形者，莫如弃世。弃世则无累，无累则正平，正平则与彼更生，更生则几矣。事奚足弃而生奚足遗？弃事则形不劳，遗生则精不亏。夫形全精复，与天为一。天地者，万物之父母也，合则成体，散则成始。形精不亏，是谓能移；精而又精，反以相天。

（明白养生情理的人，不追求生命所不必要的东西；通达性命实情的人，不追求命运所无可奈何的事。保养形体必须先有物质保证，不过物资充裕有余却保养不了身体的人也是有的；保存生命必须不脱离形体，而形体虽未脱离而生命却死亡了的人也是有的。可悲啊！世上的人以为保养好身体就足以保全性命；而只保养身体确实不足以保全性命，那么，世人保养性命的方法也就不值得去做了。但是，虽然不值得去做又不得不去做的原因，是因为它们实在是不可避免的。

想要免除养形的劳累，最好是摒弃世俗的一切。摒弃一切就没有牵累，没有牵累就会心性纯正平和，心性纯正

庄子
传

平和就会和形体一起获得新生，获得新生也就接近了免除养形劳累的境界了。世事为什么值得抛弃？人生为什么值得忘怀？抛弃世事则形体不劳累，忘怀人生则精神不消耗。形体健全，精神复原，就能与天道合为一体。天地是万物的父母，天地阴阳结合就生成万物的形体，天地消散则回归到宇宙之本初。形体与精神不亏损，就叫能与天地一起变化推移。精益求精，反过来能辅助天道。）

为了说明通达或曰达观对于养生，以及对于做人做事的重要性，庄子在自己的著作中，给我们塑造了一系列个性鲜明且活生生的通达或曰达观的人物。

孔子穷于陈蔡之间，七日不火食，藜羹不糁，颜色甚惫，而犹弦歌于室。颜回择菜于外。子路、子贡相与言曰："夫子再逐于鲁，削迹于卫，伐树于宋，穷于商周，围于陈蔡，杀夫子者无罪，藉夫子者无禁。弦歌鼓琴，未尝绝音，君子之无耻也若此乎？"

颜回无以应，入告孔子。孔子推琴，喟然而叹曰："由与赐，细人也。召而来，吾语之。"

子路、子贡入。子路曰："如此者，可谓穷矣！"

孔子曰："是何言也！君子通于道之谓通，穷于道之谓穷。今丘抱仁义之道以遭乱世之患，其何穷之为！故内省而不穷于道，临难而不失其德，天寒既至，霜雪既降，吾是以知松柏之茂也。陈蔡之隘，于丘其幸乎！"

孔子削然反琴而弦歌，子路抗然执干而舞。子贡曰：

"吾不知天之高也,地之下也。"

古之得道者,穷亦乐,通亦乐。所乐非穷通也,道德于此,则穷通为寒暑风雨之序矣。故许由娱于颍阳,而共伯得乎共首。(《让王》)

(孔子在陈、蔡之间遭受困厄,七天不能生火做饭,野菜汤里没有一粒米,脸色疲惫不堪,可是还在屋里不停地弹琴唱歌。颜回在室外择菜,子路和子贡相互谈论:"先生两次被赶出鲁国,在卫国遭受铲削足迹的污辱,在宋国受到砍掉大树的羞辱,在商、周后裔居住的地方弄得走投无路,如今在陈、蔡之间又陷入如此困厄的境地,图谋杀害先生的没有治罪,凌辱先生的没有禁绝,可是先生还不停地弹琴吟唱,不曾中断过乐声,君子没有羞辱之心竟达到这样的地步吗?"

颜回没有回应,进入内室告诉了孔子。孔子推开琴长长地叹息说:"子路和子贡,真是见识浅薄的人。叫他们进来,我有话对他们说。"

子路和子贡进到屋里。子路说:"像现在这样的处境真可以说是走投无路了!"

孔子说:"这是什么话!君子通达于道叫做一以贯通,不能通达于道叫做穷困。如今我信守仁义之道而遭逢乱世带来的祸患,怎么能说成是穷困呢!所以说,善于反省就不会不通达于道,面临危难就不会丧失德行,严寒已经到来,霜雪降临大地,我这才真正看到了松柏仍是那么郁郁葱葱。陈、蔡之间的困厄,对于我来说恐怕还是一件幸事啊！"

孔子说完安详地拿过琴来弹奏，随着琴声继续唱歌，子路兴奋而又勇武地拿着盾牌跳起舞来。子贡说："我真不知道天有多高，地有多厚啊！"

古时候得道的人，在困厄的环境里也能快乐，在通达的情况下也能快乐。心境快乐的原因不在于困厄与通达，大道存于心中，那么困厄与通达就像是寒与暑、风与雨那样有规律地变化了。所以，许由能够在颍水的岸边求得欢娱，而共伯则悠然自得地生活在丘首山上。）

孔子之所以能成为儒学鼻祖，成为令世代景仰的圣人，这与他有着超拔高迈的豁达心胸是分不开的。

鲁君闻颜阖得道之人也，使人以币先焉。颜阖守陋闾，苴布之衣而自饭牛。鲁君之使者至，颜阖自对之。使者曰："此颜阖之家与？"颜阖对曰："此阖之家也。"使者致币，颜阖对曰："恐听者谬而遗使者罪，不若审之。"使者还，反审之，复来求之，则不得已。故若颜阖者，真恶富贵也。（《让王》）

（鲁国国君听说颜阖是得道的人，派出使者先行送去聘礼表达敬慕之意。颜阖居住在穷巷中，穿着粗麻布的衣服自己喂牛。鲁国国君的使者来到颜阖家，颜阖亲自接待了他。使者问："这是颜阖的家吗？"颜阖回答说："这就是颜阖的家。"使者送上礼物，颜阖回答说："恐怕听错了而给你带来罪过，不如回去再审核一下鲁君的命令。"使者返回,查问清楚了,再次来找颜阖,却再也找不到了。所以像颜阖这样的人,真正是厌恶富贵的。)

国君赏识,放着即可就能飞黄腾达的路不走,躲避富贵像躲避瘟疫一样,颜阖可谓古代真正达观的高士。

原宪居鲁,环堵之室,茨以生草;蓬户不完,桑以为枢;而瓮牖二室,褐以为塞;上漏下湿,匡坐而弦歌。

子贡乘大马,中绀而表素,轩车不容巷,往见原宪。原宪华冠縰履,杖藜而应门。

子贡曰:"嘻! 先生何病?"

原宪应之曰:"宪闻之,无财谓之贫,学而不能行谓之病。今宪贫也,非病也。"

子贡逡巡而有愧色。

原宪笑曰:"夫希世而行,比周而友,学以为人,教以为己,仁义之慝,舆马之饰,宪不忍为也。"(《让王》)

(原宪住在鲁国,家居方丈小屋,盖着新割下的茅草;蓬草编成的门四处透光,折断桑条作为门轴,用破瓮做窗隔出两个居室,再将粗布衣堵在破瓮口上;屋子上漏下湿,而原宪却端端正正地坐着弹琴唱歌。

子贡驾着高头大马,穿着青红色的内衣,外罩素雅的大褂,小小的巷子容不下这高大华贵的马车,前去看望原宪。原宪戴着裂开口子的帽子,穿着破了后跟的鞋,挂着藜杖,应声开门。

子贡说:"哎呀! 先生得了什么病吗?"

原宪回答："我听说，没有财物叫做贫，学习了却不能付诸实践叫做病。如今我原宪，是贫困，而不是生病。"

子贡听了进退不得，面有羞愧之色。

原宪又笑着说："迎合世俗而行事，结党营私而交朋结友，勤奋学习用以求取别人的夸赞，教导他人是为了炫耀自己，用仁义作为奸恶勾当的掩饰，讲求高车大马的华贵装饰，这样的事情，我原宪是不愿去做的。"）

原宪一介寒士，处境如此窘迫却毫不在意，可谓铮铮铁骨。在庄子的著作中，铮铮铁骨的人俯拾即是。如南伯子綦、申屠嘉、屠羊说、曾参、列御寇，等等。

通达或曰达观有利于养生，那么，反过来说，芸芸众生当中有人达不到通达或曰达不到达观的境界，是不是就不能养生了呢？答案是否定的。只不过，庄子对此类养生做出了自己的鲜明判断。

善游者数能，忘水也。若乃夫没人之未尝见舟而便操之也，彼视渊若陵，视舟之覆犹其车却也。覆却万方陈乎前而不得入其舍，恶往而不暇！以瓦注者巧，以钩注者惮，以黄金注者殙。其巧一也，而有所矜，则重外也。凡外重者内拙。（《达生》）

（善于游泳的人很快就能学会驾船，这是因为他们习以成性适应于水而处之自然。至于那善于潜水的人不曾见到过船就能熟练地驾驶船，是因为在他们眼里的深渊就像是陆地上的小丘，其看待船翻犹如车子倒退一样。船的覆没和车的倒退以及各种景象展现在他们眼前，也不能扰

乱他的内心,他到哪里不从容自得! 用瓦器作为赌注的人
心地坦然而格外技高,用金属带钩作为赌注的人而心存疑
惧,用黄金作为赌注的人则头脑发昏内心迷乱。各种赌注
的赌博技巧本是一样的,而有所顾惜,那就是以身外之物
为重了。大凡对外物看得过重的人,其内心就笨拙。)

　　"外重"会导致"内拙","内拙"会导致不通达或曰不达观,由此,
我们不难看出,对于养生,以及做人做事,庄子希望人人能够通达或
曰达观。

　　做到了通达或曰达观,是不是养生就能一蹴而就了呢?

　　答案是否定的。

　　因为做到了通达或曰达观,只是解决了一个人的内修问题。对
于养生之人,要想达到养生之目的,必须内外兼修。为了说明这个
问题,庄子在《达生》篇里说了这么一个故事。

　　　　田开之见周威公。威公曰:"吾闻祝肾学生,吾子与祝
　　肾游,亦何闻焉?"
　　　　田开之曰:"开之操拔篲以侍门庭,亦何闻于夫子!"
　　　　威公曰:"田子无让,寡人愿闻之。"
　　　　开之曰:"闻之夫子曰:'善养生者,若牧羊然,视其后
　　者而鞭之。'"
　　　　威公曰:"何谓也?"
　　　　田开之曰:"鲁有单豹者,岩居而水饮,不与民共利,行
　　年七十而犹有婴儿之色;不幸遇饿虎,饿虎杀而食之。有
　　张毅者,高门县薄,无不走也,行年四十而有内热之病以

死。豹养其内而虎食其外，毅养其外而病攻其内，此二子者，皆不鞭其后者也"。

（田开之拜见周威公。周威公说："我听说祝肾在学习养生，你跟祝肾交游，从他那儿听到过什么呢？"

田开之说："我只不过拿起扫帚来打扫门庭，又能从先生那里听到什么！"

周威公说："先生不必谦虚，我希望能听到这方面的道理。"

田开之说："听先生说：'善于养生的人，就像是放牧羊群似的，看到落后的便用鞭子赶一赶。'"

周威公问："这话说的是什么意思呢？"

田开之说："鲁国有个叫单豹的，在岩穴里居住在山泉边饮水，不跟任何人争利，活了七十岁还有婴儿一样的面容；不幸遇上了饿虎，饿虎扑杀并吃掉了他。另有一个叫张毅的，高门甲第、朱户垂帘的富贵人家，没有不往来的，活到四十岁便患内热病而死去。单豹注重内心世界的修养，可是老虎却吞食了他的身体；张毅注重身体的调养，可是疾病攻入他的体内。这两个人，都不是能鞭策落后而取其适宜的人。"）

张毅与单豹，一个注重身体的调养结果却短了命，一个注重内心修养却不注重外部环境，结果同样丢掉了性命。

内外兼修，只是养生方法之一种。那么，庄子推崇的养生方法是什么呢？

庄子推崇的养生方法当是持守元气。

列子问关尹曰:"至人潜行不窒,蹈火不热,行乎万物之上而不慄。请问何以至于此?"

关尹曰:"是纯气之守也,非知巧果敢之列。居,予语女。凡有貌象声色者,皆物也,物与物何以相远? 夫奚足以至乎先? 是形色而已。则物之造乎不形而止乎无所化,夫得是而穷之者,物焉得而止焉! 彼将处乎不淫之度,而藏乎无端之纪,游乎万物之所终始,一其性,养其气,合其德,以通乎物之所造。夫若是者,其天守全,其神无郤,物奚自入焉!

"夫醉者之坠车,虽疾不死。骨节与人同而犯害与人异,其神全也,乘亦不知也,坠亦不知也,死生惊惧不入乎其胸中,是故迕物而不慑。彼得全于酒而犹若是,而况得全于天乎? 圣人藏于天,故莫之能伤也。"(《达生》)

(列子问关尹说:"道德修养臻于完善的至人潜行水中却不会感到阻塞,跳入火中却不会感到灼热,行走于万物之上也不会感到恐惧。请问为什么能达到这样的境界?"

关尹回答说:"这是持守住纯和之气的缘故,并不是智巧、果敢所能做到的。坐下,我告诉给你。大凡具有面貌、形象、声音、颜色的东西,都是物体,那么物与物之间又为什么差异很大,区别甚多? 又是什么东西最有能耐足以居于他物之先的地位? 这都只不过是有形状和颜色罢了。大凡一个有形之物却不显露形色而留足于无所变化之中,懂得这个道理而且深明内中的奥秘,他物又怎么能控制或阻遏住他呢? 那样的人处在本能所为的限度内,藏身于无端无绪的混沌中,游乐于万物或灭或生的变化环境里,本性专一不二,元气保全涵养,德行相融相合,从而使自身与自然相通。像这样,他的禀性持守保全,他的精神没有亏损,外物又从什么地方能够侵入呢!

"醉酒的人坠落车下,虽然满身是伤却没有死去。他的骨骼关节跟别人一样而受到的伤害却跟别人不同,是因为他的神思高度集中,乘坐在车子上也没有感觉,即使坠落地上也不知道,死、生、惊、惧全都不能进入他的思想中,所以遭遇外物的伤害却完全没有惧怕之感。那个人从醉酒中获得保全完整的心态尚且能够如此忘却外物,何况从自然之道中忘却外物而保全完整心态的人呢?圣人藏身于自然,所以没有什么能够伤害他。")

对于养生来说,庄子还强调要适应环境,融入环境。

孔子观于吕梁,县水三十仞,流沫四十里,鼋鼍鱼鳖之所不能游也。见一丈夫游之,以为有苦而欲死也,使弟子并流而拯之。数百步而出,被发行歌而游于塘下。

孔子从而问焉,曰:"吾以子为鬼,察子则人也。请问:蹈水有道乎?"

曰:"亡,吾无道。吾始乎故,长乎性,成乎命。与齐俱入,与汩偕出,从水之道而不为私焉。此吾所以蹈之也。"

孔子曰:"何谓始乎故,长乎性,成乎命?"

曰:"吾生于陵而安于陵,故也;长于水而安于水,性也;不知吾所以然而然,命也。"(《达生》)

（孔子在吕梁观赏，瀑布高悬二三十丈，冲刷而起的激流和水花远达四十里，鼋、鼍、鱼、鳖都不敢在这一带游水。只见一个壮年男子游在水中，还以为是有痛苦而想寻死的，他便派弟子顺着水流去拯救他。忽见那壮年男子游出数百步远而后露出水面，还披着头发边唱边游在堤岸下。

孔子紧跟在他身后而问他，说："我还以为你是鬼，仔细观察你却是个人。请问，游水也有什么特别的门道吗？"

那人回答："没有，我并没有什么特别的方法。我起初是故常，长大是习性，有所成就在于自然。我跟水里的漩涡一块儿下到水底，又跟向上的涌流一道游出水面，顺着水势而不作任何违拗。这就是我游水的方法。"

孔子说："什么叫做'起初是故常，长大是习性，有所成就在于自然'呢？"

那人又回答："我出生于山地就安于山地的生活，这就叫做故常；长大了又生活在水边就安于水边的生活，这就叫做习性；不知道为什么会这样而这样生活着，这就叫做自然。"）

养生方法多种多样，各人在养生时所取不一。但无论如何养生，必须依循自然规律来行事，比如："民湿寝则腰疾偏死，鳅然乎哉？木处则惴栗恂惧，猿猴然乎哉？"

一生讲究养生的庄子，其养生保健方法肯定不少。其耀人之处当为内修之功。所谓"独与天地精神往来"，又"不敖倪于万物，不谴是非，以与世俗处"。

此为庄子养生之说的达观养生。

六、护生之道

庄子懂得养生,懂得养生的庄子善于护生。

比如,庄子主张:

> 日出而作,日入而息,逍遥于天地之间,而心意自得。
《让王》

> 不乐寿,不哀夭,不荣通,不丑穷,不拘一世之利以为
己私分。《天地》

> 忘年忘义,振于无竟,故寓诸无竟。《齐物论》

> 且夫乘物以游心,托不得已以养中,至矣。《人间世》

> 安时而处顺,哀乐不能入也。《大宗师》

总的来说,庄子主张修身养性,并且遵循自然的规律养生。

对于养生来说,像"日出而作,日入而息"等客观自然的规律易于遵循把握,但作为心性的情绪、欲望等主观性的东西,则需要下功夫修炼。为什么这么说呢? 因为作为肉体的人,处于不同的境遇,就会养成不同的性情,或豁达大度,或抑郁小气;或公正平和,或尖酸刻薄;有人性子急,有人性子慢;有人易喜,有人易怒。易喜或易怒,在庄子看来都是不足取的。

关于性情的修养,庄子在《在宥》篇里有专门的阐述:

> 人大喜邪,毗于阳;大怒邪,毗于阴。阴阳并毗,四时
不至,寒暑之和不成,其反伤人之形乎! 使人喜怒失位,居
处无常,思虑不自得,中道不成章。于是乎天下始乔诘卓

鸷，而后有盗跖、曾、史之行。故举天下以赏其善者不足，举天下以罚其恶者不给。故天下之大不足以赏罚。自三代以下者，匈匈焉终以赏罚为事，彼何暇安其性命之情哉！

而且说明邪，是淫于色也；说聪邪，是淫于声也；说仁邪，是乱于德也；说义邪，是悖于理也；说礼邪，是相于技也；说乐邪，是相于淫也；说圣邪，是相于艺也；说知邪，是相于疵也。天下将安其性命之情，之八者，存可也，亡可也。天下将不安其性命之情，之八者，乃始脔卷狯囊而乱天下也。而天下乃始尊之惜之。甚矣，天下之惑也！岂直过也而去之邪！乃齐戒以言之，跪坐以进之，鼓歌以舞之。吾若是何哉！

（人们过度欢乐，定会损伤阳气；人们过度愤怒，定会损伤阴气。阴与阳相互侵害，四时就会不顺，寒暑失调，这样反过来会伤害人的身体，使人喜怒无常，居无定所。思考问题不得要领，办起事来半途而废，于是乎天下人开始狂妄自大，自命不凡，而后便产生盗跖、曾参、史鳝等各各不同的行为和做法。所以，动员天下所有力量来奖励人们行善也嫌不够，动员天下所有力量来惩戒劣迹也嫌不足，因此，天下之大竟不足以用来赏罚。自夏、商、周三代以来，始终是喋喋不休地把赏罚当成能事，哪里还有工夫去安定人的自然本性和真情呢！

至于喜好目明，就会沉迷于色彩；喜好耳聪，就会沉迷于声乐；讲仁，就是惑乱于德；讲义，就是惑乱于理；提倡礼仪，这就助长了烦琐的技巧；提倡音乐，这就助长了淫乐；

推崇圣,便会沉溺于技艺;推崇智,便会吹毛求疵。天下人想要安定自然赋予的真情和本性,这八种做法可有可无;天下人不想安定自然赋予的真情和本性,这八种做法,就会纠结迂曲、纷乱烦扰而把天下搞乱。可天下人竟然会尊崇它,珍惜它,可见天下人所受的迷惑真是太过分了。这种种现象岂止是一代一代地流传下来呀!人们还虔诚地谈论它,恭敬地传颂它,欢欣地供奉它,对此我又能怎么样呢!)

从庄子的论述中,可以清楚地看到,人是很容易被外物所迷惑的,修身养性绝非一朝一夕之功夫。

关于修身养性,庄子主张顺乎自然,循序渐进。

庄子还特别强调养生要保持自制力。

庄子在《让王》篇中说:"不能自胜则从之,神无恶乎? 不能自胜而强不从者,此之为重伤者也。"其意思是说,不能克制自己就听任其自然,这样你的心神会不厌恶吗? 不能克制自己的消极的情绪而又要强行管束自己,反而会增添内心的烦恼,如此最容易造成心神的双重伤害。

关于把控自己的自制力,庄子在《山木》篇里给出了这么一则有趣的寓言。

方舟而济于河,有虚船来触舟,虽有偏心之人不怒。有一人在其上,则呼张歙之;一呼而不闻,再呼而不闻,于是三呼邪,则必以恶声随之。向也不怒而今也怒,向也虚而今也实。人能虚己以游世,其孰能害之!

（并合两条船来渡河，突然有条空船碰撞过来，即使心地最偏狭、性子最火急的人也不会发怒；倘若有一个人在那条船上，那就会人人大呼："撑开，后退！"呼喊一次没有回应，呼喊第二次也没有回应，于是喊第三次，那就必定会骂声不绝。刚才不发脾气而现在发起怒来，那是因为刚才船是空的而今却有人在船上。一个人倘能听任外物、处世无心而自由自在地遨游于世，又有谁能够伤害他呢！）

在纷乱的社会中，倘能做到"虽有忮心者不怨飘瓦"，那么，对于修身养性来说，就不是一件难事了。

排除掉心理上的干扰，对于修心养性来说，犹如行走时给脚下铺就了大道，就看你肯不肯行动了。

在《庚桑楚》篇里，庄子不惜笔墨，塑造了南荣趎这么一位以赤子之心求教养护生命道理的人物。

南荣趎去拜访庚桑楚，虔诚地问："像我这样的人已经年纪大了，要怎样修行学习才能达到您所说的那种养生境界呢？"庚桑楚说："保全你的身形体，护养你的天性，不要让你的思虑为求取私利而奔波劳苦。像这样三年时间，就可以达到我所说的那种境界了。"对庚桑楚的话，南荣趎不尽赞同，在庚桑楚的指点下，南荣趎带足干粮，走了七天七夜来到老子的住处请教，老子没告诉他什么正经东西。南荣趎不死心，到馆舍住下后，闭门苦思了十天，又恭恭敬敬地去拜见老子。

南荣趎说："村里的人生了病，周围的乡邻去问候他，生病的人能够说明自己的病情，而能够把自己的病情说清楚的人，就算不上是生了重病。像我这样听闻大道，好比服用了药物反而加重了病

情，因而我只希望能在您这里听到养护生命的道理。"老子说："养护
生命的道理，能够使身体与精神浑然合一吗？能够不丧失真性吗？
能够不占卜而知晓吉凶吗？能够安守自己的本分吗？能够不追求
已经失去了的东西吗？能够舍弃仿效他人而寻求自身的完善吗？
能够无拘无束、自由自在吗？能够心神安宁、无所执着吗？能够像
初生的婴儿那样纯真、质朴吗？婴儿整天啼哭咽喉却不会哽塞嘶
哑，这是因为声音谐和自然的境界；婴儿整天握着小手而手不卷曲，
这是因为符合了婴儿的天性与常态；婴儿整天瞪着小眼睛而不眨眼
睛，这是因为婴儿的内心不滞留于外物。行走起来不知道去哪里，
平日居处不知道做什么，接触外物随顺应合，如同随波逐流、听其自
然。这就是养护生命的道理。"

　　南荣趎问："那么这就是至人的最高思想境界吗？"老子回答：
"不是的。这只是所谓像冰冻消解那样消除心中症结的本能吧！所
谓至德之人，顺从自然之道而求食于地，与天同乐，不因外在的人物
利害而扰乱自己，不相互嗔怪，不相互图谋，不参与尘俗的事物，无
拘无束、自由自在地走了，又心神安宁、无所执着地到来。这就是所
谓的养护生命的道理。"南荣趎说："那么这就达到了最高的境界了
吗？"老子说："还没有。我原本就告诉过你：'能够像初生的婴儿那
样纯真、朴质吗？'婴儿活动却不知道干什么，行走却不知道去哪里，
身形像枯槁的树枝而心境像熄灭了的死灰。像这样的人，灾祸不会
降临，幸福也不会降临。祸福都不存在，哪里还会有人间的灾
祸呢！"

　　庄子在《在宥》篇里，就修身养性讲了黄帝向广成子求教的
故事。

此乃庄子关于修身养性的核心理论。

黄帝立为天子十九年，令行天下，闻广成子在于崆峒之山，故往见之。广成子南首而卧，黄帝顺下风，膝行而进，再拜稽首而问曰："闻吾子达于至道，敢问：治身奈何而可以长久？"广成子蹶然而起，曰："善哉问乎！来，吾语女至道。至道之精，窈窈冥冥；至道之极，昏昏默默。无视无听，抱神以静，形将自正。必静必清，无劳汝形，无摇汝精，乃可以长生。目无所见，耳无所闻，心无所知，汝神将守形，形乃长生。慎汝内，闭汝外，多知为败。我为汝遂于大明之上矣，至彼至阳之原也；为汝入于窈冥之门矣，至彼至阴之原也。天地有官，阴阳有藏。慎守汝身，物将自壮。我守其一以处其和。故我修身千二百岁矣，吾形未常衰。"黄帝再拜稽首曰："广成子之谓天矣！"

（黄帝做了十九年天子，政令通行天下，听说广成子居住在崆峒山上，特意前往拜见他。广成子头朝南边躺着，黄帝则顺着下方，双膝着地匍匐向前，再次磕头行了大礼，之后问道："听说先生已经通晓至道，冒昧地向您请教，如何修身才能活得长久？"广成子挺身而起，说："问得好啊！过来，我告诉你至道。至道的根本，深不可测；至道的至极难以触及。不用看不用听，凝神静默，形体自然正常健康。一定要心静神清，不要使身体疲劳，不要使精神动荡恍惚，这样才可以长生。目不外视，耳不旁听，心不多想，你的精神就能守护你的形体，而形体也就能长生了。把持内心的淡泊，远离外界的纷扰，心智越多越难悟道。我帮你达到大明的境界和至阳的根源；帮你进入窈冥的门径和至阴的根源。天地各司其职，阴阳各据其所；谨慎地守护你的身体，万物将自行健壮成长。我持守着浑一的大道而又处于阴阳调和之境，所以我修身养性至今已经一千二百年了，而我的形体未曾衰老。"黄帝再次行了大礼磕头至地说："先生真可谓天人合一了呀！"）

护生之道的方法很多，而且千差万别，各人在护生时，一定要遵循自然规律，找到适合自己的护生之道，如此，方能延年益寿，从而达到长生之目的。

第七章　为道立论

一、道行天下

老子在《道德经》中，开篇即说"道可道，非常道"，作为道学承继者，庄子则说"大道不称""道昭而不道"，庄子在《知北游》篇中，对"道可道，非常道"进行了形象的阐述。

> "夫体道者，天下之君子所系焉。今于道，秋毫之端万分未得处一焉，而犹知藏其狂言而死，又况夫体道者乎！视之无形，听之无声，于人之论者，谓之冥冥，所以论道而非道也。"

人们对于所谈论的道，称它是昏昧而又昏暗的，对此，庄子大加否定，称说这样谈论的道，实际上并不是真正的道。那么，道究竟该怎样评定呢？

庄子在《天道》篇中是这么称评的："夫道，于大不终，于小不遗，故万物备。广广乎其无不容也，渊乎其不可测也。形德仁义，神之末也，非至人孰能定之！夫至人有世，不亦大乎！而不足以为之累。天下奋棅而不与之偕，审乎无假而不与利迁，极物之真，能守其本，故外天地,遗万物,而神未尝有所困也。通乎道,合乎德,退仁义,宾礼乐,至人之心有所定矣。”

又说:“世之所贵道者书也,书不过语,语有贵也。语之所贵者意也,意有所随。意之所随者,不可言传也,而世因贵言传书。世虽贵之,我犹不足贵也,为其贵非其贵也。故视而可见者,形与色也;听而可闻者,名与声也。悲夫,世人以形色名声为足以得彼之情!夫形色名声果不足以得彼之情,则知者不言,言者不知,而世岂识之哉?”

庄子否定了人类从视、听上认知道,其理由是什么呢?

在《知北游》篇中,庄子用寓言回答了这个问题。

泰清问乎无穷,曰:“子知道乎?”无穷曰:“吾不知。”又问乎无为,无为曰:“吾知道。”曰:“子之知道,亦有数乎?”曰:“有。”曰:“其数若何?”无为曰:“吾知道之可以贵、可以贱、可以约、可以散,此吾所以知道之数也。”泰清以之言也问乎无始,曰:“若是,则无穷之弗知与无为之知,孰是而孰非乎?”无始曰:“不知深矣,知之浅矣;弗知内矣,知之外矣。”于是泰清仰而叹曰:“弗知乃知乎,知乃不知乎!孰知不知之知?”无始曰:“道不可闻,闻而非也;道不可见,见而非也;道不可言,言而非也!知形形之不形乎!道不当名。”无始曰:“有问道而应之者,不知道也;虽问道者,亦未闻道。道无问,问无应。无问问之,是问穷也;无应应之,是无内也。以无内待问穷,若是者,外不观乎宇宙,内不知乎大初。是以不过乎昆仑,不游乎太虚。”光曜问乎无有曰:“夫子有乎? 其无有乎?”光曜不得问而孰视其状貌:窅然空然。终日视之而不见，听之而不闻，搏之而不得也。

光曜曰："至矣，其孰能至此乎！予能有无矣，而未能无无也。及为无有矣，何从至此哉！"

由此，就道的认知而言，庄子在《知北游》篇中说："夫知者不言，言者不知，故圣人行不言之教。道不可致。"

道即不可能有心地去获得，难道说，道就不能接触识知了吗？然而，事实并非如此。庄子在《列御寇》篇里是这么解释的："知道易，勿言难。知而不言，所以之天也。知而言之，所以之人也。古之至人，天而不人。"

了解道容易，但妄加谈论则失道，因为道乃"天而不人"。

天道因循自然而不依仗人为，那么，天道之于万物是怎样的状况呢？

庄子在《天地》篇中说："夫道，覆载万物者也，洋洋乎大哉！君子不可以不刳心焉。无为为之之谓天，无为言之之谓德，爱人利物之谓仁，不同同之之谓大，行不崖异之谓宽，有万不同之谓富。故执德之谓纪，德成之谓立，循于道之谓备，不以物挫志之谓完。君子明于此十者，则韬乎其事心之大也，沛乎其为万物逝也。若然者，藏金于山，藏珠于渊；不利货财，不近贵富；不乐寿，不哀夭；不荣通，不丑穷。不拘一世之利以为己私分，不以王天下为己处显。显则明。万物一府，死生同状。"又在《天地》篇中说："夫道，渊乎其居也，漻乎其清也。金石不得无以鸣。故金石有声，不考不鸣。万物孰能定之！夫王德之人，素逝而耻通于事，立之本原而知通于神，故其德广。其心之出，有物采之。故形非道不生，生非德不明。存形穷生，立德明道，非王德者邪！荡荡乎！忽然出，勃然动，而万物从之乎！此谓王

198

德之人。视乎冥冥,听乎无声。冥冥之中,独见晓焉;无声之中,独闻和焉。故深之又深而能物焉;神之又神而能精焉。故其与万物接也,至无而供其求,时骋而要其宿,大小、长短、修远。"

道似乎很神秘,与万物相接,虽然虚无却能满足万物的需求,时刻运行变化却能使万物各有归宿。

然而,道之为道,其本身却是纯素的。庄子在《刻意》篇中说:纯素之道,唯神是守。守而勿失,与神为一。一之精通,合于天伦。野语有之曰:"众人重利,廉士重名,贤士尚志,圣人贵精。"故素也者,谓其无所与杂也;纯也者,谓其不亏其神也。能体纯素,谓之真人。

纯素之道若此,那么,妙在何处?

庄子在《缮性》篇中是这么描述的:"古之人,在混芒之中,与一世而得淡漠焉。当是时也,阴阳和静,鬼神不扰,四时得节,万物不伤,群生不夭,人虽有知,无所用之,此之谓至一。当是时也,莫之为而常自然。"道即如此具有非凡的能量,那么,道可以有意识地去掌握拥有吗?

庄子在《大宗师》篇中,给予了铿锵的回答:

> 夫道有情有信,无为无形;可传而不可受,可得而不可见;自本自根,未有天地,自古以固存;神鬼神帝,生天生地;在太极之先而不为高,在六极之下而不为深,先天地生而不为久,长于上古而不为老。豨韦氏得之,以挈天地;伏羲氏得之,以袭气母;维斗得之,终古不忒;日月得之,终古不息;勘坏得之,以袭昆仑;冯夷得之,以游大川;肩吾得之,以处大山;黄帝得之,以登云天;颛顼得之,以处玄宫;禺强得之,立乎北极;西王母得之,坐乎少广,莫知其始,莫

知其终;彭祖得之,上及有虞,下及五伯;傅说得之,以相武丁,奄有天下,乘东维、骑箕尾而比于列星。

人类与宇宙万物,无论是谁,一旦掌握道,定会功效卓著,成就非凡。

如此伟大的功效,非道不能举也。

就此,庄子《大宗师》篇中断言:"知天之所为,知人之所为者,至矣!知天之所为者,天而生也;知人之所为者,以其知之所知以养其知之所不知,终其天年而不中道夭者,是知之盛也。虽然,有患。夫知有所待而后当,其所待者特未定也。庸讵知吾所谓天之非人乎?所谓人之非天乎?且有真人而后有真知。"

道,非真人而不得真知,那么,作为得道之人,庄子所立之言又如何呢?

公孙龙问于魏牟曰:"龙少学先王之道,长而明仁义之行;合同异,离坚白;然不然,可不可;困百家之知,穷众口之辩:吾自以为至达已。今吾闻庄子之言,茫然异之。不知论之不及与?知之弗若与?今吾无所开吾喙,敢问其方。"

公子牟隐机大息,仰天而笑曰:"子独不闻夫坎井之蛙乎?谓东海之鳖曰:'吾乐与!出跳梁乎井干之上,入休乎缺甃之崖。赴水则接腋持颐,蹶泥则没足灭跗。还虷蟹与科斗,莫吾能若也。且夫擅一壑之水,而跨跱坎井之乐,此亦至矣。夫子奚不时来入观乎?'东海之鳖左足未入,而右膝已絷矣。于是逡巡而却,告之海曰:'夫千里之远,不足以举其大；千仞之高，不足以极其深。禹之时，十年九潦，而水弗为加益；汤之时，八年七旱，而崖不为加损。夫不为顷久推移，不以多少进退者，此亦东海之大乐也。’于是坎井之蛙闻之，适适然惊，规规然自失也。且夫知不知是非之竟，而犹欲观于庄子之言，是犹使蚊负山，商蚷驰河也，必不胜任矣。且夫知不知论极妙之言，而自适一时之利者，是非坎井之蛙与？且彼方跐黄泉而登大皇，无南无北，奭然四解，沦于不测；无东无西，始于玄冥，反于大通。子乃规规然而求之以察，索之以辩，是直用管窥天，用锥指地也，不亦小乎？子往矣！且子独不闻夫寿陵余子之学于邯郸与？未得国能，又失其故行矣，直匍匐而归耳。今子不去，将忘子之故，失子之业。”

公孙龙口呿而不合，舌举而不下，乃逸而走。（《秋水》）

作为名学鼻祖，公孙龙面对庄子的道学，“是直用管窥天，用锥指地也”一样渺小，因为庄子的学识“上天入地，不分南北，四通八达，深不可测；无东无西，始于玄妙幽昧，归于无所不通”。

庄学的确精深至极。

在庄子的学说中，庄子承认世间存在着至人之道。在《田子方》篇中，庄子开篇即描述其对至人崇敬般的认知：

田子方侍坐于魏文侯，数称溪工。文侯曰：“溪工，子之师邪？”子方曰：“非也，无择之里人也。称道数当故无择称之。”文侯曰：“然则子无师邪？”子方曰：“有。”曰：“子之师谁邪?"子方曰:"东郭顺子。"文侯曰:"然则夫子何故未尝称之?"子方曰:"其为人也真。人貌而天虚,缘而葆真,清而容物。物无道,正容以悟之,使人之意也消。无择何足以称之!"子方出,文侯傥然,终日不言。召前立臣而语之曰:"远矣,全德之君子! 始吾以圣知之言、仁义之行为至矣。吾闻子方之师,吾形解而不欲动,口钳而不欲言。吾所学者,直土埂耳! 夫魏真为我累耳!"

追求至人境界的庄子,一生崇尚至道。

那么,何谓至道?

在《知北游》篇中,庄子依托孔子向老子问道,生动地阐述了自己的观点。

孔子问于老聃曰:"今日晏闲,敢问至道。"老聃曰:"汝齐戒,疏瀹而心,澡雪而精神,掊击而知。夫道,宵然难言哉! 将为汝言其崖略:夫昭昭生于冥冥,有伦生于无形,精神生于道,形本生于精,而万物以形相生。故九窍者胎生,八窍者卵生。其来无迹,其往无崖,无门无房,四达之皇皇也。邀于此者,四肢强,思虑恂达,耳目聪明。其用心不劳,其应物无方,天不得不高,地不得不广,日月不得不行,万物不得不昌,此其道与!

"且夫博之不必知,辩之不必慧,圣人以断之矣! 若夫益之而不加益,损之而不加损者,圣人之所保也。渊渊乎其若海,魏魏乎其终则复始也。运量万物而不匮。则君子之道,彼其外与! 万物皆往资焉而不匮。此其道与!"

在《在宥》篇中，庄子说：至道之精，窈窈冥冥；至道之极，昏昏默默。

　　舜问乎丞：“道可得而有乎？”曰：“汝身非汝有也，汝何得有夫道！”舜曰：“吾身非吾有也，孰有之哉？”曰：“是天地之委形也；生非汝有，是天地之委和也；性命非汝有，是天地之委顺也；子孙非汝有，是天地之委蜕也。故行不知所往，处不知所持，食不知所味。天地之强阳气也，又胡可得而有邪！”（《知北游》）

道可以得到吗？忘己乃得道。

　　南伯子葵问乎女偶曰：“子之年长矣，而色若孺子，何也？”曰：“吾闻道矣。”南伯子葵曰：“道可得学邪？”曰：“恶！恶可！子非其人也。夫卜梁倚有圣人之才而无圣人之道，我有圣人之道而无圣人之才。吾欲以教之，庶几其果为圣人乎？不然，以圣人之道告圣人之才，亦易矣。吾犹守而告之，参日而后能外天下；已外天下矣，吾又守之，七日而后能外物；已外物矣，吾又守之，九日而后能外生；已外生矣，而后能朝彻；朝彻而后能见独；见独而后能无古今；无古今而后能入于不死不生。杀生者不死，生生者不生。其为物无不将也，无不迎也，无不毁也，无不成也。其名为撄宁。撄宁也者，撄而后成者也。”

　　南伯子葵曰：“子独恶乎闻之？”曰：“闻诸副墨之子，副墨之子闻诸洛诵之孙，洛诵之孙闻之瞻明，瞻明闻之聂许，聂许闻之需役，需役闻之于讴，于讴闻之玄冥，玄冥闻之参

寥，参寥闻之疑始。"（《大宗师》）

女偶告诉了南伯子葵自己的学道路径：识文体悟，率性求真，终致得道。

庄子说，"知道易"，似乎在给学道之人打气予以鼓励。

但如其他学习一样，学道要得法。

在《天运》篇中，庄子如是说："夫水行莫如用舟，而陆行莫如用车。以舟之可行于水也，而求推之于陆，则没世不行寻常。古今非水陆与？周鲁非舟车与？今蕲行周于鲁，是犹推舟于陆也！劳而无功，身必有殃。彼未知夫无方之传，应物而不穷者也。"

学道还须善于领会。

啮缺问道乎被衣，被衣曰："若正汝形，一汝视，天和将至；摄汝知，一汝度，神将来舍。德将为汝美，道将为汝居。汝瞳焉如新生之犊而无求其故。"言未卒，啮缺睡寐。被衣大说，行歌而去之，曰："形若槁骸，心若死灰，真其实知，不以故自持。媒媒晦晦，无心而不可与谋。彼何人哉！"（《知北游》）

一点就通，啮缺面对被衣的循循善诱，可谓心有灵犀。

学道时，庄子主张求道于"不知"。

故足之于地也践，虽践，恃其所不蹍而后善博也；人之知也少，虽少，恃其所不知而后知天之所谓也。知大一，知大阴，知大目，知大均，知大方，知大信，知大定，至矣！大一通之，大阴解之，大目视之，大均缘之，大方体之，大信稽之，大定持之。尽有天，循有照，冥有枢，始有彼。则其解之也似不解之者，其知之也似不知之也，不知而后知之。其问之也，不可以有崖，而不可以无崖。颉滑有实，古今不代，而不可以亏，则可不谓有大扬攉乎！阖不亦问是已，奚惑然为！以不惑解惑，复于不惑，是尚大不惑。（《徐无鬼》）

"不知而后知之"，庄子的这句话，包含着朴素的唯物主义原理。在庄子看来，天下事纷杂而有序，因循自然，率真而为，以无知求真知则得真知，以不惑解惑则复回疑惑。

> 庄子闻之曰："今人之治其形，理其心，多有似封人之所谓：遁其天，离其性，灭其情，亡其神，以众为。故卤莽其性者，欲恶之孽为性，萑苇蒹始萌，以扶吾形，寻擢吾性。并溃漏发，不择所出，漂疽疥痈，内热溲膏是也。"（《则阳》）

这是说，求道要修心。

修心乃求道的根本。求道时，还应抛弃世俗的观念，因为世俗的观念残害人性。

> 百年之木，破为牺尊，青黄而文之，其断在沟中。比牺尊于沟中之断，则美恶有间矣，其于失性一也。跖与曾、史，行义有间矣，然其失性均也。且夫失性有五：一曰五色乱目，使目不明；二曰五声乱耳，使耳不聪；三曰五臭熏鼻，困慢中颡；四曰五味浊口，使口厉爽；五曰趣舍滑心，使性飞扬。此五者，皆生之害也。而杨、墨乃始离跂自以为得，非吾所谓得也。夫得者困，可以为得乎？则鸠鸮之在于笼也，亦可以为得矣。且夫趣舍声色以柴其内，皮弁鹬冠搢

笏绅修以约其外。内支盈于柴栅,外重缰缴睆然在缰缴之中,而自以为得,则是罪人交臂历指而虎豹在于囊槛,亦可以为得矣!(《天地》)

道行天下,"道固不小行"。(《缮性》)

道既然不是世俗之行,那么,道之于人世,该如何运作呢?

庄子没有正面回答,在《天运》篇中,庄子以三皇五帝违背了道,致使百姓"莫得安其性命之情",从反面予以"以正视听"。

孔子见老聃归,三日不谈。弟子问曰:"夫子见老聃,亦将何规哉?"孔子曰:"吾乃今于是乎见龙。龙,合而成体,散而成章,乘乎云气而养乎阴阳。予口张而不能胁。予又何规老聃哉?"子贡曰:"然则人固有尸居而龙见,雷声而渊默,发动如天地者乎?赐亦可得而观乎?"遂以孔子声见老聃。老聃方将倨堂而应,微曰:"予年运而往矣,子将何以戒我乎?"子贡曰:"夫三皇五帝之治天下不同,其系声名一也。而先生独以为非圣人,如何哉?"老聃曰:"小子少进!子何以谓不同?"对曰:"尧授舜,舜授禹。禹用力而汤用兵,文王顺纣而不敢逆,武王逆纣而不肯顺,故曰不同。"老聃曰:"小子少进,余语汝三皇五帝之治天下:黄帝之治天下,使民心一。民有其亲死不哭而民不非也。尧之治天下,使民心亲。民有为其亲杀其杀而民不非也。舜之治天下,使民心竞。民孕妇十月生子,子生五月而能言,不至乎孩而始谁,则人始有夭矣。禹之治天下,使民心变,人有心而兵有顺,杀盗非杀人。自为种而'天下'耳。是以天下大骇,儒墨皆起。其作始有伦,而今乎妇女,何言哉!余语汝:三皇五帝之治天下,名曰治之,而乱莫甚焉。三皇之知,上悖日月之明,下睽山川之精,中堕四时之施。其知惨于蛎虿之尾,鲜规之兽,莫得安其性命之情者,而犹自以为圣人,不可耻乎?其无耻也!"子贡蹴蹴然立不安。(《天运》)

在庄子看来,统治者倡行的仁义只会戕害道。

孔子见老聃而语仁义。老聃曰:"夫播穅眯目,则天地四方易位矣;蚊虻餐肤,则通昔不寐矣。夫仁义憯然,乃愤吾心,乱莫大焉。吾子使天下无失其朴,吾子亦放风而动,总德而立矣!又奚杰然若负建鼓而求亡子者邪!夫鹄不日浴而白,乌不日黔而黑。黑白之朴,不足以为辩;名誉之观,不足以为广。"(《天运》)

仁义既然"乱莫大焉",那么,人世间应该行使怎样的法则呢?

庄子在《徐无鬼》篇中给出了一份答案:"故曰:鸱目有所适,鹤胫有所节,解之也悲。故曰:风之过,河也有损焉;日之过,河也有损焉;请只风与日相与守河,而河以为未始其撄也,恃源而往者也。故水之守土也审,影之守人也审,物之守物也审。故目之于明也殆,耳之于聪也殆,心之于殉也殆,凡能其于府也殆,殆之成也不给改。祸之长也兹萃,其反也缘功,其果也待久。而人以为己宝,不亦悲乎!故有亡国戮民无已,不知问是也。"

以道而论,物各有所适;以道而论,人当大巧若拙。

"赍万物而不为义,泽及万世而不为仁,长于上古而不

为老,覆载天地、刻雕众形而不为巧。此所游已!"(《大宗师》)

摒私心,不居功,不邀巧,因循自然,则天下欣然昌顺矣。

"巧者劳而知者忧,无能者无所求,饱食而遨游,泛若不系之舟,虚而遨游者也。"(《列御寇》)

这指称的是"巧者""无能者"亦即普通人为道的境界。

圣人安其所安,不安其所不安;众人安其所不安,不安其所安。(《列御寇》)

这指称的是圣人心怀天下为道的境界。

肩吾问于孙叔敖曰:"子三为令尹而不荣华,三去之而无忧色。吾始也疑子,今视子之鼻间栩栩然,子之用心独奈何?"孙叔敖曰:"吾何以过人哉!吾以其来不可却也,其去不可止也。吾以为得失之非我也,而无忧色而已矣。我何以过人哉!且不知其在彼乎?其在我乎?其在彼邪亡乎我,在我邪亡乎彼。方将踌躇,方将四顾,何暇至乎人贵人贱哉!"仲尼闻之曰:"古之真人,知者不得说,美人不得滥,盗人不得劫,伏羲、黄帝不得友。死生亦大矣,而无变乎己,况爵禄乎!若然者,其神经乎大山而无介,入乎渊泉而不濡,处卑细而不惫,充满天地,既以与人己愈有。"

楚王与凡君坐,少焉,楚王左右曰凡亡者三。凡君曰:"凡之亡也,不足以丧吾存。夫'凡之亡不足以丧吾存',则楚之存不足以存存。由是观之,则凡未始亡而楚未始存

208

也。"(《田子方》)

孙叔敖处变不惊,三起三落不喜不忧,淡定从容。称扬的是孙叔敖因得道,精神道德抵达真境,思想情绪不为外物所累。

"得失皆从外至,而不足以丧其真。"无疑,这是庄子为求道、学道之人树立的非凡榜样。

道,趋尽之妙,可从庄子的如下言论得出:

> 尝相与游乎无有之宫,同合而论,无所终穷乎!尝相与无为乎!澹澹而静乎!漠而清乎!调而闲乎!寥已吾志,无往焉而不知其所至,去而来不知其所止。吾往来焉而不知其所终,彷徨乎冯闳,大知入焉而不知其所穷。物物者与物无际,而物有际者,所谓物际者也。不际之际,际之不际者也。谓盈虚衰杀,彼为盈虚非盈虚,彼为衰杀非衰杀,彼为本末非本末,彼为积散非积散也。(《知北游》)

> 天地虽大,其化均也;万物虽多,其治一也;人卒虽众,其主君也。君原于德而成于天。故曰:玄古之君天下,无为也,天德而已矣。

> 以道观言而天下之君正;以道观分而君臣之义明;以道观能而天下之官治;以道泛观而万物之应备。故通于天地者,德也;行于万物者,道也;上治人者,事也;能有所艺者,技也。技兼于事,事兼于义,义兼于德,德兼于道,道兼于天。故曰:古之畜天下者,无欲而天下足,无为而万物化,渊静而百姓定。《记》曰:"通于一而万事毕,无心得而鬼神服。"(《天地》)

王者之治立足于大道,则"通于一而万事毕","国之上下必安定均和"。

且看得道之治的三重境界:苑风曰:"夫子无意于横目之民乎?愿闻圣治。"谆芒曰:"圣治乎?官施而不失其宜,拔举而不失其能,毕见其情事而行其所为,行言自为而天下化。手挠顾指,四方之民莫不俱至,此之谓圣治。""愿闻德人。"曰:"德人者,居无思,行无虑,不藏是非美恶。四海之内共利之之谓悦,共给之之谓安。怊乎若婴儿之失其母也,傥乎若行而失其道也。财用有余而不知其所自来,饮食取足而不知其所从,此谓德人之容。""愿闻神人。"曰:"上神乘光,与形灭亡,是谓照旷。致命尽情,天地乐而万事销亡,万物复情,此之谓混溟。"(《天地》)

就此,庄子就人物之口发出感慨:季彻曰:"大圣之治天下也,摇荡民心,使之成教易俗,举灭其贼心而皆进其独志。若性之自为,而民不知其所由然。若然者,岂兄尧、舜之教民溟涬然弟之哉?欲同乎德而心居矣!"(《天地》)

圣人、德人、神人得道,皆化天下,这实在令黎民歆羡景慕。

毋庸置疑,若黎民但凡为道,攀不上高人那般化天下的境界,但他们为道,当有属于自己的作为与快乐。对此,庄子在《缮性》篇中快人快语地断言:古之存身者,不以辩饰知,不以知穷天下,不以知穷德,危然处其所而反其性,己又何为哉!道固不小行,德固不小识。小识伤德,小行伤道。故曰:正己而已矣。乐全之谓得志。

古之所谓得志者,非轩冕之谓也,谓其无以益其乐而已矣。今之所谓得志者,轩冕之谓也。轩冕在身,非性命也,物之傥来,寄也。寄之,其来不可圉,其去不可止。故不为轩冕肆志,不为穷约趋俗,其乐彼与此同,故无忧而已矣! 今寄去则不乐。由是观之,虽乐,未尝不荒也。故曰:丧己于物,失性于俗者,谓之倒置之民。

二、万物齐一

昔者庄周梦为胡蝶,栩栩然胡蝶也,自喻适志与! 不知周也。俄然觉,则蘧蘧然周也。不知周之梦为胡蝶与,胡蝶之梦为周与? 周与胡蝶则必有分矣。此之谓物化。
(《齐物论》)

大意是庄子梦中幻化为栩栩如生、翩翩起舞的蝴蝶。自己快乐自得,忘了自己是庄周,突然梦醒了,不知是庄周做梦变成了蝴蝶呢,还是蝴蝶做梦变成了庄周? 一时难以分辨。借此,庄子推出他的哲学观点:物我化一,万物齐一。

物与我可以相互转化,而且同出一源,不分彼此,至于万物同一。庄子在《齐物论》篇中,是这么辩说的:物无非彼,物无非是。自彼则不见,自知则知之。故曰:彼出于是,是亦因彼。因是因非,因非因是。是以圣人不由而照之于天,亦因是也。是亦彼也,彼亦是也。彼亦一是非,此亦一是非,果且有彼是乎哉? 果且无彼是乎哉? 彼是莫得其偶,谓之道枢。枢始得其环中,以应无穷。是亦一无穷,非亦一无穷也。故曰:莫若以明。

这是庄子站在万物同源的角度看待问题。

"枢始得其环中,以应无穷。"意思是人若站在道的观点上看问题,就如同站在圆圈的中心,他能看到圆圈上每一点的运动,而他自己则处于运动以外。如此处于圆环的中心,他摆脱或曰超越了现有束缚，自然容易把握事态。

"是的变化无穷尽"，"非的变化无穷尽"。考察"是"与"非"，当关照事物的本然。

照此观点，庄子说：以指喻指之非指，不若以非指喻指之非指也；以马喻马之非马，不若以非马喻马之非马也。天地一指也，万物一马也。

天地就是一指，万物就是一马，庄子此论，就是鲜明地亮出自己惊世骇俗的哲学观：万物齐一。

> "可乎可，不可乎不可。道行之而成，物谓之而然。有自也而可，有自也而不可；有自也而然，有自也而不然。恶乎然？然于然。恶乎不然？不然于不然。物固有所然，物固有所可。无物不然，无物不可。故为是举莛与楹，厉与西施，恢诡谲怪，道通为一。其分也，成也；其成也，毁也。凡物无成与毁，复通为一。唯达者知通为一，为是不用而寓诸庸。因是已。已而不知其然，谓之道。劳神明为一，而不知其同也。"

一切事物，从总体上来看，无所谓成与毁，因为事物是相互转化，都将复归为一。

一切事理，有分别，就有不分别；有辩论，就有不辩论。

> 故分也者，有不分也；辩也者，有不辩也。曰："何也？"
> "圣人怀之，众人辩之以相示也。故曰：辩也者，有不见也。"故知止其所不知，至矣。孰知不言之辩，不道之道？若有能知，此之谓天府。注焉而不满，酌焉而不竭，而不知

庄子传

其所由来,此之谓葆光。(《齐物论》)

对于看待事物的标准,庄子主张唯物——夫随其成心而师之,谁独且无师乎?奚必知代而自取者有之?愚者与有焉!未成乎心而有是非,是今日适越而昔至也。是以无有为有。无有为有,虽有神禹且不能知,吾独且奈何哉!

看待事物的标准有了,那么,该如何认知宇宙万物呢?

庄子在《齐物论》中如是说:

> 今且有言于此,不知其与是类乎?其与是不类乎?类与不类,相与为类,则与彼无以异矣。虽然,请尝言之:有始也者,有未始有始也者,有未始有夫未始有始也者;有有也者,有无也者,有未始有无也者,有未始有夫未始有无也者。俄而有无矣,而未知有无之果孰有孰无也。今我则已有有谓矣,而未知吾所谓之其果有谓乎?其果无谓乎?
>
> 夫天下莫大于秋毫之末,而太山为小;莫寿乎殇子,而彭祖为天。天地与我并生,而万物与我为一。既已为一矣,且得有言乎?既已谓之一矣,且得无言乎?一与言为二,二与一为三。自此以往,巧历不能得,而况其凡乎!故自无适有,以至于三,而况自有适有乎!无适焉,因是已!

庄子思考"我"与宇宙的本源,皆以道统之。"天地与我并生,而万物与我为一","我"与天地万物同归于道,道既是万物之始,又是万物之终。用"无"作为参照,秋毫比无大,所以是大;万物归于无,泰山为万物中的一个点,所以泰山是小的。以此类推,早夭的婴孩与无相比,则可说他是长寿的了;将时间归于无,那么彭祖即使活了八百岁也可说是早夭。此论,形象地印证了庄子万物齐一的哲学观点。

万物既然同出一源,那么,物与物之间有共同的标准吗?

庄子通过两个人物的对话,反映了自己的认知:

> 啮缺问乎王倪曰:"子知物之所同是乎?"曰:"吾恶乎知之!""子知子之所不知邪?"曰:"吾恶乎知之!""然则物无知邪?"曰:"吾恶乎知之! 虽然,尝试言之:庸讵知吾所谓知之非不知邪? 庸讵知吾所谓不知之非知邪? 民食刍豢,麋鹿食荐,蝍蛆甘带,鸱鸦耆鼠,四者孰知正味? 猨猵狙以为雌,麋与鹿交,鳅与鱼游。毛嫱丽姬,人之所美也;鱼见之深入,鸟见之高飞,麋鹿见之决骤,四者孰知天下之正色哉? 自我观之,仁义之端,是非之涂,樊然淆乱,吾恶能知其辩!"啮缺曰:"子不利害,则至人固不知利害乎?"王倪曰:"至人神矣! 大泽焚而不能热,河汉冱而不能寒,疾雷破山、飘风振海而不能惊。若然者,乘云气,骑日月,而游乎四海之外,死生无变于己,而况利害之端乎!"(《齐物论》)

利与害并非衡量事物的唯一标准。利与害并非绝对。如"至人",以其思想境界与万物合而为一,连火烧、冰冻都无法影响到他,就不要说为常人念念于心的利害了。

道为判定事物的制高点,那么,言论的标准该如何衡定呢?

> 既使我与若辩矣,若胜我,我不若胜,若果是也? 我果非也邪? 我胜若,若不吾胜,我果是也? 而果非也邪? 其

214

或是也？其或非也邪？其俱是也？其俱非也邪？我与若不能相知也。则人固受其黮暗,吾谁使正之？使同乎若者正之,既与若同矣,恶能正之？使同乎我者正之,既同乎我矣,恶能正之？使异乎我与若者正之,既异乎我与若矣,恶能正之？使同乎我与若者正之,既同乎我与若矣,恶能正之？然则我与若与人俱不能相知也,而待彼也邪？(《齐物论》)

就各自的言论立场,庄子采用一连串的提问,强调衡定言论的标准,唯有站在道的立场上,用自然之道来调和这一切。且看庄子如何结论——"化声之相待,若其不相待。和之以天倪,因之以蔓衍,所以穷年也。何谓和之以天倪？曰:是不是,然不然。是若果是也,则是之异乎不是也,亦无辩;然若果然也,则然之异乎不然也亦无辩。忘年忘义,振于无竟,故寓诸无竟。"

于《在宥》篇中,庄子端出了人的劣根性——排斥异己:

> 世俗之人,皆喜人之同乎己而恶人之异于己也。同于己而欲之,异于己而不欲者,以出乎众为心也。夫以出乎众为心者,曷常出乎众哉？因众以宁所闻,不如众技众矣。

庄子指出排斥异己观点的根由,这是内心想出人头地的缘故。一旦人有了贪求私利的念头,必被物所累。而若做到任物自为,超然于物,其身躯形骸都已和自然化为一体,达到与万物齐一的境界,其根本无需用出人头地来凸显自身的存在感。

> 而欲为人之国者,此揽乎三王之利而不见其患者也。此以人之国侥幸也。几何侥幸而不丧人之国乎？其存人

之国也，无万分之一；而丧人之国也，一不成而万有余丧矣！悲夫，有土者之不知也！有土者，有大物也。有大物者，不可以物。物而不物，故能物物。明乎物物者之非物也，岂独治天下百姓而已哉！出入六合，游乎九州，独往独来，是谓独有。独有之人，是之谓至贵。大人之教，若形之于影，声之于响，有问而应之，尽其所怀，为天下配。处乎无响。行乎无方。挈汝适复之，挠挠以游无端，出入无旁，与日无始。颂论形躯，合乎大同。大同而无己。无己，恶乎得有有！亲有者，昔之君子；亲无者，天地之友。（《在宥》）

体悟着根源，则能与永恒的天地结成朋友，指的就是天人合一的境界。就天人合一，庄子在《在宥》篇中有形象的描述：

黄帝再拜稽首曰："广成子之谓天矣！"广成子曰："来！余语女：彼其物无穷，而人皆以为有终；彼其物无测，而人皆以为有极。得吾道者，上为皇而下为王；失吾道者，上见光而下为土。今夫百昌皆生于土而反于土。故余将去女，入无穷之门，以游无极之野。吾与日月参光，吾与天地为常。当我，缗乎！远我，昏乎！人其尽死，而我独存乎！"

对于物我化一，庄子亦有形象的描述：

种有几，得水则为继，得水土之际则为蛙蟆之衣，生于陵屯则为陵舄，陵舄得郁栖则为乌足。乌足之根为蛴螬，其叶为胡蝶。胡蝶胥也化而为虫，生于灶下，其状若脱，其名为鸲掇。鸲掇千日为鸟，其名为干余骨。干余骨之沫为

216

斯弥，斯弥为食醯。颐辂生乎食醯，黄轵生乎九猷，瞀芮生乎腐蠸。羊奚比乎不箰，久竹生青宁；青宁生程，程生马，马生人，人又反入于机。万物皆出于机，皆入于机。（《至乐》）

针对万物齐一与物我化一，庄子在《秋水》篇中进行了详尽的阐述。

> 河伯曰："然则吾大天地而小毫末，可乎？"
>
> 北海若曰："否。夫物，量无穷，时无止，分无常，终始无故。是故大知观于远近，故小而不寡，大而不多：知量无穷。证向今故，故遥而不闷，掇而不跂：知时无止。察乎盈虚，故得而不喜，失而不忧：知分之无常也。明乎坦涂，故生而不说，死而不祸：知终始之不可故也。计人之所知，不若其所不知；其生之时，不若未生之时；以其至小，求穷其至大之域，是故迷乱而不能自得也。由此观之，又何以知毫末之足以定至细之倪，又何以知天地之足以穷至大之域！"
>
> 河伯曰："世之议者皆曰：'至精无形，至大不可围。'是信情乎？"
>
> 北海若曰："夫自细视大者不尽，自大视细者不明。夫精，小之微也；垺，大之殷也：故异便。此势之有也。夫精粗者，期于有形者也；无形者，数之所不能分也；不可围者，数之所不能穷也。可以言论者，物之粗也；可以意致者，物之精也；言之所不能论，意之所不能察致者，不期精粗焉。

是故大人之行：不出乎害人，不多仁恩；动不为利，不贱门隶；货财弗争，不多辞让；事焉不借人，不多食乎力，不贱贪污；行殊乎俗，不多辟异；为在从众，不贱佞谄；世之爵禄不足以为劝，戮耻不足以为辱；知是非之不可为分，细大之不可为倪。闻曰：'道人不闻，至德不得，大人无己。'约分之至也。"

河伯曰："若物之外，若物之内，恶至而倪贵贱？恶至而倪小大？"

北海若曰："以道观之，物无贵贱；以物观之，自贵而相贱；以俗观之，贵贱不在己。以差观之，因其所大而大之，则万物莫不大；因其所小而小之，则万物莫不小。知天地之为稊米也，知毫末之为丘山也，则差数睹矣。以功观之，因其所有而有之，则万物莫不有；因其所无而无之，则万物莫无。知东西之相反而不可以相无，则功分定矣。以趣观之，因其所然而然之，则万物莫不然；因其所非而非之，则万物莫不非。知尧、桀之自然而相非，则趣操睹矣。昔者尧、舜让而帝，之、哙让而绝；汤、武争而王，白公争而灭。由此观之，争让之礼，尧、桀之行，贵贱有时，未可以为常也。梁丽可以冲城而不可以窒穴，言殊器也；骐骥骅骝一日而驰千里，捕鼠不如狸狌，言殊技也；鸱鸺夜撮蚤，察毫末，昼出瞋目而不见丘山，言殊性也。故曰：盖师是而无非，师治而无乱乎？是未明天地之理，万物之情也。是犹师天而无地，师阴而无阳，其不可行明矣！然且语而不舍，非愚则诬也！帝王殊禅，三代殊继。差其时，逆其俗者，谓之篡夫；当其时，顺其俗者，谓之义之徒。默默乎河伯，女恶知贵贱之门，小大之家！"

河伯曰："然则我何为乎？何不为乎？吾辞受趣舍，吾终奈何？"

北海若曰："以道观之，何贵何贱，是谓反衍；无拘而志，与道大蹇。何少何多，是谓谢施；无一而行，与道参差。严乎若国之有君，其无私德；繇繇乎若祭之有社，其无私福；泛泛乎其若四方之无穷，其无所畛域。兼怀万物，其孰承翼？是谓无方。万物一齐，孰短孰长？道无终始，物有死生，不恃其成。一虚一满，不位乎其形。年不可举，时不可止。消息盈虚，终则有始。是所以语大义之方，论万物之理也。物之生也，若骤若驰。无动而不变，无时而不移。何为乎，何不为乎？夫固将自化。"

河伯曰："然则何贵于道邪？"

北海若曰："知道者必达于理，达于理者必明于权，明于权者不以物害己。至德者，火弗能热，水弗能溺，寒暑弗能害，禽兽弗能贼。非谓其薄也，言察乎安危，宁于祸福，谨于去就，莫之能害也。故曰：'天在内，人在外，德在乎天。'知天人之行，本乎天，位乎得，蹢躅而屈伸，反要而语极。"曰："何谓天？何谓人？"北海若曰："牛马四足，是谓天；落马首，穿牛鼻，是谓人。故曰：'无以人灭天，无以故灭命，无以得殉名。谨守而勿失，是谓反其真。'"（《秋水》）

三、无为而治

天地有大美而不言，四时有明法而不议，万物有成理而不说。圣人者，原天地之美而达万物之理。是故至人无为，大圣不作，观于天地之谓也。（《知北游》）

无为而治，为庄子的核心理论之一。

那么，何为无为而治？

庄子以生动的故事，直观地展示了这一论题。

文王观于臧，见一丈夫钓，而其钓莫钓。非持其钓有钓者也，常钓也。文王欲举而授之政，而恐大臣父兄之弗安也；欲终而释之，而不忍百姓之无天也。于是旦而属之大夫曰："昔者寡人梦见良人，黑色而髯，乘驳马而偏朱蹄，号曰：'寓而政于臧丈人，庶几乎民有瘳乎！'"诸大夫蹴然曰："先君王也。"文王曰："然则卜之。"诸大夫曰："先君之命，王其无它，又何卜焉！"遂迎臧丈人而授之政。典法无更，偏令无出。三年，文王观于国，则列士坏植散群，长官者不成德，斔斛不敢入于四竟。列士坏植散群，则尚同也；长官者不成德，则同务也；斔斛不敢入于四竟，则诸侯无二心也。文王于是焉以为大师，北面而问曰："政可以及天下乎？"臧丈人昧然而不应，泛然而辞，朝令而夜循，终身无闻。颜渊问于仲尼曰："文王其犹未邪？又何以梦为乎？"仲尼曰："默，汝无言！夫文王尽之也，而又何论刺焉！彼

直以循斯须也。"(《田子方》)

文王请臧丈人执政,臧丈人以"典法无更,偏令无出",即以"无为"干政,域内大治。文王贪心不足,借此欲以图霸天下,问"政可以及天下乎","臧丈人昧然而不应,泛然而辞,朝令而夜循,终身无闻"。

从连夜遁逃的事件中,可以看出,作为得道高人的臧丈人,因为有自己为道的操守,所以不肯苟且,不肯附和,终以藏身匿迹,以求保真。

无为而治,是庄子继老子为政治给出的执政理念。庄子不遗余力,发扬光大了老子的这一执政理念。

而在《应帝王》篇中,庄子则对无为而治进行了详解:

> 啮缺问于王倪,四问而四不知。啮缺因跃而大喜,行以告蒲衣子。
>
> 蒲衣子曰:"而乃今知之乎?有虞氏不及泰氏。有虞氏其犹藏仁以要人,亦得人矣,而未始出于非人。泰氏其卧徐徐,其觉于于。一以己为马,一以己为牛。其知情信,其德甚真,而未始入于非人。"
>
> 肩吾见狂接舆。狂接舆曰:"日中始何以语女?"肩吾曰:"告我:君人者以己出经式义度,人孰敢不听而化诸!"狂接舆曰:"是欺德也。其于治天下也,犹涉海凿河而使蚊负山也。夫圣人之治也,治外夫?正而后行,确乎能其事者而已矣。且鸟高飞以避弋之害,鼹鼠深穴乎神丘之下以避凿之患,而曾二虫之无知?"天根游于殷阳,至蓼水之上,适遭无名人而问焉,曰:"请问为天下。"无名人曰:"去!汝

鄙人也，何问之不豫也！予方将与造物者为人，厌则又乘夫莽眇之鸟，以出六极之外，而游无何有之乡，以处圹之野。汝又何为以治天下感予之心为？"又复问，无名人曰："汝游心于淡，合气于漠，顺物自然而无容私焉，而天下治矣。"阳子居见老聃，曰："有人于此，向疾强梁，物彻疏明，学道不倦，如是者，可比明王乎？"老聃曰："是于圣人也，胥易技系，劳形怵心者也。且也虎豹之文来田，猿狙之便执嫠之狗来藉。如是者，可比明王乎？"阳子居蹴然曰："敢问明王之治。"老聃曰："明王之治：功盖天下而似不自己，化贷万物而民弗恃。有莫举名，使物自喜。立乎不测，而游于无有者也。"

郑有神巫曰季咸，知人之死生、存亡、祸福、寿夭，期以岁月旬日，若神。郑人见之，皆弃而走。列子见之而心醉，归，告壶子，曰："始吾以夫子之道为至矣，则又有至焉者矣。"壶子曰："吾与汝既其文，未既其实。而固得道与？众雌而无雄，而又奚卵焉！而以道与世亢，必信，夫故使人得而相汝。尝试与来，以予示之。"明日，列子与之见壶子。出而谓列子曰："嘻！子之先生死矣！弗活矣！不以旬数矣！吾见怪焉，见湿灰焉。"列子入，泣涕沾襟以告壶子。壶子曰："乡吾示之以地文，萌乎不震不正，是殆见吾杜德机也。尝又与来。"明日，又与之见壶子。出而谓列子曰："幸矣！子之先生遇我也，有瘳矣！全然有生矣！吾见其杜权矣！"列子入，以告壶子。壶子曰："乡吾示之以天壤，名实不入，而机发于踵。是殆见吾善者机也。尝又与来。"明日,又与之见壶子。出而谓列子曰:"子之先生不齐,吾无得而相焉。试齐,且复相之。"列子入,以告壶子。壶子曰:"吾乡示之以以太冲莫胜,是殆见吾衡气机也。鲵桓之审为渊,止水之审为渊,流水之审为渊。渊有九名,此处三焉。尝又与来。"明日,又与之见壶子。立未定,自失而走。壶子曰:"追之!"列子追之不及。反,以报壶子曰:"已灭矣,已失矣,吾弗及已。"壶子曰:"乡吾示之以未始出吾宗。吾与之虚而委蛇,不知其谁何,因以为弟靡,因以为波流,故逃也。"然后列子自以为未始学而归。三年不出,为其妻爨,食豕如食人,于事无与亲。雕琢复朴,块然独以其形立。纷而封哉,一以是终。

无为名尸,无为谋府,无为事任,无为知主。体尽无穷,而游无朕。尽其所受乎天而无见得,亦虚而已!至人之用心若镜,不将不逆,应而不藏,故能胜物而不伤。(《应帝王》)

庄子在其著述的《至乐》中说:"天地无为也而无不为也。"
庄子执"天地"以"无为",境界何其之大,之高,之广。
倡导无为而治,庄子尤其强调本真的发挥与保持。

吾意善治天下者不然。彼民有常性,织而衣,耕而食,是谓同德。一而不党,命曰天放。故至德之世,其行填填,其视颠颠。当是时也,山无蹊隧,泽无舟梁;万物群生,连属其乡;禽兽成群,草木遂长。是故禽兽可系羁而游,鸟鹊之巢可攀援而窥。夫至德之世,同与禽兽居,族与万物并。

恶乎知君子小人哉！同乎无知，其德不离；同乎无欲，是谓素朴。素朴而民性得矣。及至圣人，蹩躠为仁，踶跂为义，而天下始疑矣。澶漫为乐，摘僻为礼，而天下始分矣。故纯朴不残，孰为牺尊！白玉不毁，孰为珪璋！道德不废，安取仁义！性情不离，安用礼乐！五色不乱，孰为文采！五声不乱，孰应六律！

夫残朴以为器，工匠之罪也；毁道德以为仁义，圣人之过也。夫马陆居则食草饮水，喜则交颈相靡，怒则分背相踢。马知已此矣！夫加之以衡扼，齐之以月题，而马知介倪闉扼鸷曼诡衔窃辔。故马之知而能至盗者，伯乐之罪也。夫赫胥氏之时，民居不知所为，行不知所之，含哺而熙，鼓腹而游。民能已此矣！及至圣人，屈折礼乐以匡天下之形，县跂仁义以慰天下之心，而民乃始踶跂好知，争归于利，不可止也。此亦圣人之过也。(《马蹄》)

依照本真，庄子主张与其治天下，不如"在宥天下"。让黎民自在处事，任其发展，随心作为。另一方面，以无为的姿态宽怀天下，那么，黎民就可保有真性，自适其适。即使迫不得已君临天下，如能循道修明，随顺规律，合于自然，则天下万物无不能够自壮而荣，生生不息。

闻在宥天下，不闻治天下也。在之也者，恐天下之淫其性也；宥之也者，恐天下之迁其德也。天下不淫其性，不迁其德，有治天下者哉？昔尧之治天下也，使天下欣欣焉人乐其性，是不恬也；桀之治天下也，使天下瘁瘁焉人苦其

224

性，是不愉也。夫不恬不愉。非德也；非德也而可长久者，天下无之。

人大喜邪，毗于阳；大怒邪，毗于阴。阴阳并毗，四时不至，寒暑之和不成，其反伤人之形乎！使人喜怒失位，居处无常，思虑不自得，中道不成章。于是乎天下始乔诘卓鸷，而后有盗跖、曾、史之行。故举天下以赏其善者不足，举天下以罚其恶者不给。故天下之大不足以赏罚。自三代以下者，匈匈焉终以赏罚为事，彼何暇安其性命之情哉！

而且说明邪，是淫于色也；说聪邪，是淫于声也；说仁邪，是乱于德也；说义邪，是悖于理也；说礼邪，是相于技也；说乐邪，是相于淫也；说圣邪，是相于艺也；说知邪，是相于疵也。天下将安其性命之情，之八者，存可也，亡可也。天下将不安其性命之情，之八者，乃始脔卷狯囊而乱天下也。而天下乃始尊之惜之。甚矣，天下之惑也！岂直过也而去之邪！乃齐戒以言之，跪坐以进之，鼓歌以儛之。吾若是何哉！

故君子不得已而临莅天下，莫若无为。无为也，而后安其性命之情。故贵以身于为天下，则可以托天下；爱以身于为天下，则可以寄天下。故君子苟能无解其五藏，无擢其聪明，尸居而龙见，渊默而雷声，神动而天随，从容无为而万物炊累焉。吾又何暇治天下哉！崔瞿问于老聃曰："不治天下，安藏人心？"老聃曰："女慎，无撄人心。人心排下而进上，上下囚杀，淖约柔乎刚强，廉刿雕琢，其热焦火，其寒凝冰，其疾俯仰之间而再抚四海之外。其居也，渊而静；其动也，县而天。偾骄而不可系者，其唯人心乎！昔者黄帝始以仁义撄人之心，尧、舜于是乎股无胈，胫无毛，以养天下之形。愁其五藏以为仁义，矜其血气以规法度。然犹有不胜也。尧于是放讙兜于崇山，投三苗于三峗，流共工于幽都，此不胜天下也。夫施及三王而天下大骇矣。下有桀、跖，上有曾、史，而儒墨毕起。于是乎喜怒相疑，愚知相欺，善否相非，诞信相讥，而天下衰矣；大德不同，而性命烂漫矣；天下好知，而百姓求竭矣。于是乎斤锯制焉，绳墨杀焉，椎凿决焉。天下脊脊大乱，罪在撄人心。故贤者伏处大山嵁岩之下，而万乘之君忧栗乎庙堂之上。今世殊死者相枕也，桁杨者相推也，形戮者相望也，而儒墨乃始离跂攘臂乎桎梏之间。意，甚矣哉！其无愧而不知耻也甚矣！吾未知圣知之不为桁杨椄槢也，仁义之不为桎梏凿枘也，焉知曾、史之不为桀、跖嚆矢也！故曰：绝圣弃知，而天下大治。（《在宥》）

作为参照与比较，庄子对有为之治则是持批评态度。

> 门无鬼与赤张满稽观于武王之师，赤张满稽曰："不及有虞氏乎！故离此患也。"门无鬼曰："天下均治而有虞氏治之邪？其乱而后治之与？"赤张满稽曰："天下均治之为愿，而何计以有虞氏为！有虞氏之药疡也，秃而施髢，病而求医。孝子操药以修慈父，其色燋然，圣人羞之。（《天地》）

批评了有为之治，庄子以赤子之心，给出了理想的治世法宝。

　　　　至德之世，不尚贤，不使能，上如标枝，民如野鹿。端
　　正而不知以为义，相爱而不知以为仁，实而不知以为忠，当
　　而不知以为信，蠢动而相使，不以为赐。是故行而无迹，事
　　而无传。"(《天地》)

理想的治世图景，不是盛德在外的贤人，而是"不尚贤，不使能"
的无为之君。

在自己的著述中，庄子极力渲染至臻至信至情的无为之功。

四、心斋、坐忘

庄子在自己的著述中，提出心斋论。

斋，戒洁也。(《说文》)

斋的形式有沐浴、戒酒、戒荤、不参与娱乐等，但这只是外在形
式上的斋，属"祭祀之斋"，庄子在此提出的"心斋"，是一项很重要的
修道方法。

那么，何谓心斋呢？庄子借颜回与孔子的对话，回答了这一
问题。

　　　　颜回曰："吾无以进矣，敢问其方。"仲尼曰："斋，吾将
　　语若。有心而为之，其易邪？易之者，暤天不宜。"颜回曰：
　　"回之家贫，唯不饮酒不茹荤者数月矣。如此则可以为心
　　斋？"曰："是祭祀之斋，非心斋也。"回曰："敢问心斋。"仲尼
　　曰："若一志，无听之以耳而听之以心；无听之以心而听之
　　以气。听止于耳，心止于符。气也者，虚而待物者也。唯

道集虚。虚者,心斋也。"(《人间世》)

听了老师的阐述,颜回心有灵犀,响应说:"回之未始得使,实自回也;得使之也,未始有回也,可谓虚乎?"

没有听到心斋这个道理时,颜回实实在在地感到自身的存在;听到心斋这个道理后,颜回就觉得不曾有自身的存在了。

孔子对颜回颖悟如此,很是兴奋,高兴之下,推心置腹地对颜回继续点拨:"尽矣。吾语若:若能入游其樊而无感其名,入则鸣,不入则止。无门无毒,一宅而寓于不得已则几矣。绝迹易,无行地难。为人使易以伪,为天使难以伪。闻以有翼飞者矣,未闻以无翼飞者也;闻以有知知者矣,未闻以无知知者也。瞻彼阕者,虚室生白,吉祥止止。夫且不止,是之谓坐驰。夫徇耳目内通而外于心知,鬼神将来舍,而况人乎!是万物之化也,禹、舜之所纽也,伏羲、几蘧之所行终,而况散焉者乎!"(《人间世》)

让心灵处在一种空明的状态中,拥有心斋的人会像道一样,以包容姿态容纳万物。

从孔子对颜回的此番教导中,可知,要达到心斋的境界,需"唯道集虚",因为"瞻彼阕者,虚室生白",关照那个空明的心境,空明的心境就会生出光明。如此看来,"虚"为通往心斋的至关重要的途径。

对于虚的效力,庄子另有阐明。

泰初有无,无有无名。一之所起,有一而未形。物得以生,谓之德;未形者有分,且然无间,谓之命;留动而生物,物成生理,谓之形;形体保神,各有仪则,谓之性;性修

反德,德至同于初。同乃虚,虚乃大。合喙鸣。喙鸣合,与天地为合。其合缗缗,若愚若昏,是谓玄德,同乎大顺。(《天地》)

"同乃虚,虚乃大。"虚境如此广大且有力,那么虚境如何修得呢?

就此,庄子在《天道》篇中给予了阐明。

> 明于天,通于圣,六通四辟于帝王之德者,其自为也,昧然无不静者矣。圣人之静也,非曰静也善,故静也;万物无足以铙心者,故静也。水静则明烛须眉,平中准,大匠取法焉。水静犹明,而况精神!圣人之心静乎!天地之鉴也,万物之镜也。夫虚静恬淡寂漠无为者,天地之本,而道德之至,故帝王圣人休焉。休则虚,虚则实,实则备矣。虚则静,静则动,动则得矣。静则无为,无为也,则任事者责矣。无为则俞俞,俞俞者忧患不能处,年寿长矣。夫虚静恬淡寂漠无为者,万物之本也。明此以南乡,尧之为君也;明此以北面,舜之为臣也。以此处上,帝王天子之德也;以此处下,玄圣素王之道也。以此退居而闲游,则江海山林之士服;以此进为而抚世,则功大名显而天下一也。静而圣,动而王,无为也而尊,朴素而天下莫能与之争美。

对于修道,庄子特别强调静功。而致静的前提或曰条件,则依循虚功。在《庚桑楚》篇中,庄子给出了致虚的方法:

> 彻志之勃,解心之谬,去德之累,达道之塞。贵富显严名利六者,勃志也。容动色理气意六者,谬心也。恶欲喜

怒哀乐六者，累德也。去就取与知能六者，塞道也。此四六者，不荡胸中则正，正则静，静则明，明则虚，虚则无为而无不为也。道者，德之钦也；生者，德之光也；性者，生之质也。性之动，谓之为；为之伪，谓之失。知者，接也；知者，谟也；知者之所不知，犹睨也。动以不得已之谓德，动无非我之谓治，名相反而实相顺也。

虚则静，静则明，明达心斋也。

心斋的修为，如同做功，须下功夫，须持之以恒。

庄子还提出了坐忘之论：

> 颜回曰："回益矣。"仲尼曰："何谓也？"曰："回忘仁义矣。"曰："可矣，犹未也。"他日复见，曰："回益矣。"曰："何谓也？"曰："回忘礼乐矣。"曰："可矣，犹未也。"他日复见，曰："回益矣。"曰："何谓也？"曰："回坐忘矣。"仲尼蹴然曰："何谓坐忘？"颜回曰："堕肢体，黜聪明，离形去知，同于大通，此谓坐忘。"仲尼曰："同则无好也，化则无常也。而果其贤乎！丘也请从而后也。"（《大宗师》）

"坐忘"就是经由自我"离形去知"，使心怀虚静空明，进入与"大通"（即"道"）同一的境界。在此境界中，人便可"同则无好，化则无常"。

坐忘，归结到根上，就是忘己。

且看庄子在《天地》篇中的解说：

夫子（孔子）问于老聃曰："有人治道若相放，可不可，然不然。辩者有言曰：'离坚白，若县寓。'若是则可谓圣人乎？"老聃曰："是胥易技系，劳形怵心者也。执留之狗成思，猿狙之便自山林来。丘，予告若，而所不能闻与而所不能言。凡有首有趾无心无耳者众，有形者与无形无状而皆存者尽无。其动止也，其死生也，其废起也，此又非其所以也。有治在人。忘乎物，忘乎天，其名为忘己。忘己之人，是之谓入于天。"

庄子在《田子方》中写了一个"真画者"的故事："宋元君将画图，众史皆至，受揖而立；舐笔和墨，在外者半。有一史后至者，僤僤然不趋，受揖不立，因之舍。公使人视之，则解衣般礴臝。君曰：'可矣，是真画者也'。"为什么独有解衣般礴臝者，被宋元君称为"真画者"呢？因为众画师奉命为宋元君作画，便恭恭敬敬、十分谨慎地舐笔和墨。众画师舐笔和墨的动作，活画出众画师的心有羁绊的精神状态，临阵磨枪之际，心中仍怀有"庆赏爵禄""非誉巧拙"之想，必将无法放开自我，其画功肯定无法得到自由地发挥，如此掺了杂念，其作品便可想而知了。独有后来的这位画师，神态安闲自如，一点也不慌急，接受了旨意也不恭候站立，随即回馆舍去了，而且放浪形骸。他回到馆舍，随即解开衣襟裸着身子盘腿而坐。由此可以看出，此人已超脱世俗、忘利、忘名、忘身，外界的一切干扰全部消失了，内心一片空明虚静，可以与"画道"相合了，所以宋元君判断此人"是真画者也"。

对于修道的人而言，忘己之功是修道的一大门槛。倘若，忘己的功夫达到了，尚须做到诚忘。

只有诚忘的功夫一并修成，才算完全达到坐忘的境界。凭借《德充府》，庄子表达出自己的这一观点：

闉跂支离无脤说卫灵公，灵公说之，而视全人，其脰肩肩。甕盎大瘿说齐桓公,桓公说之,而视全人:其脰肩肩。故德有所长而形有所忘。人不忘其所忘而忘其所不忘,此谓诚忘。(《德充府》)

诚忘,乃忘人也。忘记别人的缺陷与不足,此诚足以感天动地。

关于忘己,在《人间世》篇中,庄子以叶公子高向孔子请教一事,给出了鲜明而形象的教诲。

叶公子高将使于齐,问于仲尼曰:"王使诸梁也甚重,齐之待使者,盖将甚敬而不急。匹夫犹未可动,而况诸侯乎!吾甚栗之。子常语诸梁也曰:'凡事若小若大,寡不道以欢成。事若不成,则必有人道之患;事若成,则必有阴阳之患。若成若不成而后无患者,唯有德者能之。'吾食也执粗而不臧,爨无欲清之人。今吾朝受命而夕饮冰,我其内热与!吾未至乎事之情,而既有阴阳之患矣;事若不成,必有人道之患。是两也。为人臣者不足以任之。子其有以语我来!"

仲尼曰:"天下有大戒二:其一,命也;其一,义也。子之爱亲,命也,不可解于心;臣之事君,义也,无适而非君也,无所逃于天地之间。是之谓大戒。是以夫事其亲者,不择地而安之,孝之至也;夫事其君者,不择事而安之,忠之盛也;自事其心者,哀乐不易施乎前,知其不可奈何而安之若命,德之至也。为人臣子者,固有所不得已。行事之情而忘其身,何暇至于悦生而恶死!夫子其行可矣!"(《人间世》)

"行事之情而忘其身"，按实情去行事而忘记自身，如此顺乎自然，将"我"从束缚中摆脱，忘掉自身而毫不计较个人的利害得失，便无暇顾及"悦生恶死"，从而超然物外，随性而为。

"心斋"与"坐忘"的修养历程，都是一个"为道日损"的过程，其主要内涵都是虚静空明，其终极目标都是与道合一。无论从事任何一项活动，都必须心志专一，排除一切外在的干扰，凝神静气，消除所有内在的杂念，涵养虚静之功，直到心怀空明澄澈，能够虚而待物，才能与"道"相合，达到"化"的境界。

五、游心之论

庄子的"游心"，是指在精神世界中进行无限的漫游与逍遥，是不受外物约束，从而达到在精神的王国里随性而为。这种随性，是天性，是本真。不涉人性之恶，不是与现实唱反调与现实对立，更不是逃避现实，而是让自我真正回到精神的家园，从心所欲，自在自为。

"游心是一种境界，是一种心智的成熟，不仅能自我调节超然物外，更能从生活的点滴中挖掘出人生的价值，增强驾驭生活和事物的能力，从忙碌的工作中体会到内心的充实，从平凡的事情中造就出最精彩的一面，以心游之。在游心的过程中忘却烦恼，忘却压力，放松自己，达到一种最佳的状态去面对生活，笑对生活。"

对于游心，庄子有着精妙的辩解：

> 人有能游，且得不游乎？人而不能游，且得游乎？夫流遁之志，决绝之行，噫，其非至知厚德之任与！覆坠而不

反,火驰而不顾,虽相与为君臣,时也,易世而无以相贱。故曰至人不留行焉。夫尊古而悲今,学者之流也。且以狶韦氏之流观今之世,夫孰能不波? 唯至人乃能游于世而不僻,顺人而不失己。彼教不学,承意不彼。(《外物》)

目彻为明,耳彻为聪,鼻彻为颤,口彻为甘,心彻为知,知彻为德。凡道不欲壅,壅则哽,哽而不止则跈,跈者众害生。物之有知者恃息,其不殷,非天之罪。天之穿之,日夜无降,人则顾塞其窦。胞有重阆,心有天游。室无空虚,则妇姑勃溪;心无天游,则六凿相攘。大林丘山之善于人也,亦神者不胜。(《外物》)

德溢乎名,名溢乎暴,谋稽乎誸,知出乎争,柴生乎守,官事果乎众宜。春雨日时,草木怒生,铫耨于是乎始修,草木之到植者过半,而不知其然。(《外物》)

庄子特别推崇圣人之“游心”。

故圣人有所游,而知为孽,约为胶,德为接,工为商。圣人不谋,恶用知? 不斫,恶用胶? 无丧,恶用德? 不货,恶用商? 四者,天鬻也。天鬻者,天食也。既受食于天,又恶用人!(《德充符》)

庄子在《齐物论》篇中,借一名叫瞿鹊子的人,端出自己推崇圣人之“游心”的理由。

瞿鹊子问乎长梧子曰:“吾闻诸夫子:圣人不从事于务,不就利,不违害,不喜求,不缘道,无谓有谓,有谓无谓,而游乎尘垢之外。夫子以为孟浪之言,而我以为妙道之行

也。"《齐物论》

庄子所说的"游心",有"乘物以游心""游心于淡""游心于物之初""游心于无穷"等说法。

如：在《应帝王》篇中，庄子说：汝游心于淡，合气于漠，顺物自然而无容私焉，而天下治矣。

再如：知游心于无穷，而反在通达之国，若存若亡乎？(《则阳》)

且夫乘物以游心，托不得已以养中，至矣。何作为报也！莫若致命，此其难者。(《人间世》)

乘物以游心——"心在物外，不为俗世所扰，想要随着万物，自在于天地之间，逍遥自得，纵横驰骋，就得先了解领悟宇宙天地的真谛，这样才能到达最高道德的境界，像水一样润物细无声，造福万物而无所求，无所争，海纳百川，有容乃大，豁达大度、胸怀宽阔。"

庄子醉心于"游心"的境界。在《田子方》篇中，庄子通过孔子向老子问道，描绘了"游心于物之初"的至臻佳境。

孔子见老聃，老聃新沐，方将被发而干，蛰然似非人。孔子便而待之。少焉见，曰："丘也眩与，其信然与？向者先生形体掘若槁木，似遗物离人而立于独也。"老聃曰："吾游心于物之初。"孔子曰："何谓邪？"曰："心困焉而不能知，口辟焉而不能言。尝为汝议乎其将。至阴肃肃，至阳赫赫；肃肃出乎天，赫赫发乎地。两者交通成和而物生焉，或为之纪而莫见其形。消息满虚，一晦一明，日改月化，日有所为，而莫见其功。生有所乎萌，死有所乎归，始终相反乎无端，而莫知乎其所穷。非是也，且孰为之宗！"孔子曰：

"请问游是。"老聃曰："夫得是，至美至乐也。得至美而游乎至乐，谓之至人。"孔子曰："愿闻其方。"曰："草食之兽不疾易薮，水生之虫不疾易水，行小变而不失其大常也，喜怒哀乐不入于胸次。夫天下也者，万物之所一也。得其所一而同焉，则四支百体将为尘垢，而死生终始将为昼夜，而莫之能滑，而况得丧祸福之所介乎！弃隶者若弃泥涂，知身贵于隶也，贵在于我而不失于变。且万化而未始有极也，夫孰足以患心！已为道者解乎此。"孔子曰："夫子德配天地，而犹假至言以修心。古之君子，孰能脱焉？"老聃曰："不然。夫水之于汋也，无为而才自然矣。至人之于德也，不修而物不能离焉。若天之自高，地之自厚，日月之自明，夫何修焉！"孔子出，以告颜回曰："丘之于道也，其犹醯鸡与！微夫子之发吾覆也，吾不知天地之大全也。"（《田子方》）

第八章　天德圆满

一、拯救赵王

　　赵国赵武灵王雄才大略，以胡服骑射，战无不胜，使赵国一跃而成为中原强国。赵武灵王宠爱吴娃孟姚。吴娃孟姚生公子何，赵武灵王爱屋及乌，于是废掉已立的太子公子章，新立吴娃孟姚所生的公子何。新立太子赵何十一岁那年，赵武灵王决心伐灭中山国。因赵武灵王要亲征中山国，国政治理难以兼顾，于是禅位太子赵何，自号"主父"。赵何成为赵国新君赵惠文王。赵武灵王让最受信任的老臣肥义任相国，帮助赵惠文王治理国政。

　　国事安排停当，赵武灵王就一门心思伐灭中山国，并于禅位的第三年，亲率倾国之兵，终将中山国伐灭。

　　前太子赵章随父征伐中山国，凯旋时，论功行赏，前太子赵章被赵武灵王封为安阳君，封地代郡。这既是赵武灵王对赵章随父征战的奖赏，也是赵武灵王对赵章储位被废的补偿。赵武灵王出于对赵章的关照，询问群臣谁愿辅佐安阳君时，赵国群臣竟无一人应命。助赵伐中山国的宋将田不礼，在现场看到这种尴尬的场面，因佩服赵章能征善战，是位有作为的将领，于是向赵武灵王表示，自己愿以宋将的身份辅佐安阳君。

赵章随父亲征,功劳赫赫,看到群臣如此势利,从此心冷,只亲近田不礼。

赵武灵王传位于公子赵何,公子赵章自然心怀怨忿。于是,争夺王位的危机就此埋下来。

有一天,赵章携重礼去拜访田不礼,让其帮忙夺取原本应该属于自己的王位。田不礼收受重礼,乐得帮助赵章密谋叛乱。

公元前295年的年初,按照惯例,赵章由封地前往国都邯郸参加岁首朝会。赵武灵王看到自己最有本事的儿子赵章,北面为臣朝拜年仅十五岁的赵何,深感对不住自己这位二十六岁的好儿子,随把赵国江山分出北部的云中郡(郡治今内蒙古托克托)、九原郡(郡治今内蒙古包头西北)增封给赵章,让其防御北方胡人南侵。

封地大大增加,田不礼告诉赵章,他可以以防御胡人南侵为名,扩充军备,为早日夺回王位做好准备。

赵章听从田不礼,一回到新封地,即大肆征兵,以充实军备。

赵章的动向,引起朝中大臣李兑的注意,他看出一场潜伏的危机即将爆发,就向相国肥义进言,袒露自己的判断与担忧。因为此时,赵武灵王宠爱的吴娃孟姚已死,相对来说,赵武灵王更喜爱公子赵章,对赵惠文王的爱心大不如前,所以不再专意维护赵惠文王的统治地位。怎奈已经禅位,赵国江山已定。

李兑劝说肥义及早隐退,传政于公子赵成,以免争位之祸殃及自身。

肥义以受主父重托,不愿知难而退。

李兑预料肥义难以幸免于难,多次找公子赵成,商议防备赵章哗变。

就在公元前 295 年,赵武灵王与赵惠文王同游沙丘(今河北平乡东北),分住于两个宫中。赵章和田不礼瞅准这一时机,立即采取行动。赵章假托主父的命令召见赵惠文王。赵惠文王等人应召前往,肥义恐有不测,走在前面带路,即遭杀害,大臣高信保护着赵惠文王,与乱军作战。公子赵成与李兑早有准备,尽发四邑之兵扫平乱军,杀死唆使赵章作乱的宋将田不礼。

公子赵章兵败,脱身逃往主父宫中,主父赵武灵王出于爱惜,就收容了他。公子赵成和李兑随后包围主父宫,杀死公子赵章。因为害怕赵武灵王问罪,公子赵成和李兑索性一不做、二不休,就把赵武灵王围在宫中。三个月后,赵武灵王在宫中困饿而死。

李兑和公子赵成平定叛乱,保住了赵惠文王的王位,功劳卓著。赵惠文王任命公子赵成为相国,号安平君。李兑任司寇。

赵成、李兑遂将赵国的政权揽在手中,二人同专国政。

赵惠文王无所事事,由于喜好剑术而沉迷剑术。

为能切磋技艺,更是为了取乐,赵惠文王养了一大帮剑士。

这些剑士在赵惠文王面前日夜相互比试剑术,死伤的剑客每年都有百余人,但是,剑士们为了能够得到赵惠文王的赏识,还是乐此不疲。而赵惠文王击剑的喜好从来就不曾得到满足。

赵惠文王供养剑士,几年下来,赵国上上下下有很多人都丢弃了自己的本职工作,专门学习剑术,以期得到赵惠文王的赏识。

像这样过了三年,赵国的国力日渐衰退,各国诸侯都在谋算怎样攻打赵国。

相国安平君十分担忧,征求左右近侍说:"谁能够说服赵惠文王停止比试剑术,赠予他千金。”

左右近侍说:“只有庄子能够担当此任。”

安平君于是派人携带千金厚礼赠送给庄周。庄周不接受,跟随使者一道,前往会见安平君。

庄周说:“安平君有什么见教,赐给我千金的厚礼?”

安平君说:“听说先生通达贤明,谨此奉上千金用以犒赏从者。先生不愿接受,我还有什么可说的!”

庄周说:“听说安平君想要用我,意欲断绝赵惠文王对剑术的爱好。假如我对上游说赵惠文王却违拗了赵惠文王的心意,对下也未能符合您的意愿,那也就一定会遭受刑戮而死去,我还哪里用得着这些赠礼呢?假如我对上能说服赵惠文王,对下能合于您的心愿,在赵国我希望得到什么难道还得不到吗?”

安平君说:“是这样。赵惠文王的心目中,只有击剑的人。”

庄周说:“好的,我也善于运用剑术。”

安平君说:“不过赵惠文王所见到的击剑人,全都头发蓬乱、鬓毛突出、帽子低垂、帽缨粗实、衣服紧身、瞪大眼睛而且气喘语塞,大王竟喜欢见到这样打扮的人。如今先生一定是穿儒服去会见赵惠文王,事情一定会弄糟。”

庄周说:“既然如此,请为我准备一套剑士的服装。”三天以后剑士的服装裁制完毕,庄周打扮成一名剑士,前去面见安平君。

安平君就跟庄周一道去拜见赵惠文王,赵惠文王解下利剑等待着庄周。

庄周不急不忙地进入殿内,见到赵惠文王也不行跪拜之礼。赵惠文王说:“你想用什么话来开导我,而且让安平君先作引荐?”

庄周说："我听说大王喜好剑术，特地用剑术来参见大王。"

赵惠文王说："你的剑术怎样能遏制剑手、战胜对方呢？"

庄周说："我的剑术，十步之内可杀一人，行走千里也不会受人阻留。"

赵惠文王听了大喜，说："天下没有谁是你的对手了！"

庄周说："击剑的要领是，有意把弱点显露给对方，再用有机可乘之处引诱对方，后于对手发起攻击，同时要抢先击中对手。希望有机会能试试我的剑法。"

赵惠文王说："先生暂回馆舍休息等候，我将安排好击剑比武的盛会再请先生出面比武。"

赵惠文王于是用七天时间让剑士们比武较量，死伤六十多人，从中挑选出五六人，让他们拿着剑在殿堂下等候，这才召见庄周。

赵惠文王说："今天可让剑士们跟先生比试剑术了。"

庄周说："我已经盼望很久了。"

赵惠文王说："先生所习惯使用的宝剑，长短怎么样？"

庄周说："我的剑术长短都适应。不过我有三种剑，任凭大王选用，请让我先作些说明，然后再行比试。"

赵惠文王说："愿意听听你介绍三种剑。"

庄周说："有天子之剑，有诸侯之剑，有百姓之剑。"

赵惠文王说："天子之剑怎么样？"

庄周说："天子之剑，拿燕溪的石城山做剑尖，拿齐国的泰山做剑刃，拿晋国和卫国做剑脊，拿周王畿和宋国做剑环，拿韩国和魏国做剑柄；用中原以外的四境来包扎，用四季来围裹，用渤海来缠绕，用恒山来做系带；靠五行来统驭，靠刑律和德教来论断；遵循阴阳的变化而进退，遵循春秋的时令而持延，遵循秋冬的到来而运行。这种剑，向前直刺一无阻挡，高高举起无物在上，按剑向下所向披靡，挥动起来旁若无物，向上割裂浮云，向下斩断地纪。这种剑一旦使用，可以匡正诸侯，使天下人全都归服。这就是天子之剑。"

赵惠文王听了茫然若有所失，说："诸侯之剑怎么样？"

庄周说："诸侯之剑，拿智勇之士做剑尖，拿清廉之士做剑刃，拿贤良之士做剑脊，拿忠诚圣明之士做剑环，拿豪杰之士做剑柄。这种剑，向前直刺也一无阻挡，高高举起也无物在上，按剑向下也所向披靡，挥动起来也旁若无物；对上效法于天而顺应日月星辰，对下取法于地而顺应四时序列，居中则顺和民意而安定四方。这种剑一旦使用，就好像雷霆震撼四境之内，没有不归服而听从国君号令的。这就是诸侯之剑。"

赵惠文王说："百姓之剑又怎么样呢？"

庄周说："百姓之剑，全都头发蓬乱、鬓毛突出、帽子低垂，帽缨粗实，衣服紧身，瞪大眼睛而且气喘语塞。相互在人前争斗刺杀，上能斩断脖颈，下能剖裂肝肺，这就是百姓之剑，跟斗鸡没有什么不同，一旦命尽气绝，对于国事就什么用处也没有了。如今大王拥有夺取天下的地位却喜好百姓之剑，我私下认为大王应当鄙薄这种做法。"

听完百姓之剑，赵惠文王完全意识到自己豢养剑士实在是荒唐至极。于是挥手赶退等待比武的六位剑士，手拉庄周来到殿上。

厨师献上美食，赵惠文王惭愧地绕着座席转了三圈。

庄周说："大王安坐下来定定心气，有关剑术之事我已启奏完毕。"

听了庄周说剑以后，赵惠文王闭门思过，三月未出宫。

三个月之后，剑士们再也等不来赵惠文王出宫挑选，大都落荒而逃。有些剑士受不了冷落，干脆在宫廷外拔剑自杀了。

二、妻亡之丧

公孙衍发动的五国合纵伐秦失败，魏军伤亡惨重，公孙衍魏相被罢免，为能与齐和解。魏襄王改命齐人田需为相。

田需相魏即拜访惠施，讨教做相诀窍。惠施以"善待左右"之言教导，田需谨记，照搬实行，但在行事上时常与魏将公孙衍有抵牾，因而招来公孙衍怨怼。将相不和，魏襄王听从公孙衍之言，改命齐相田婴之子田文相魏。田需被罢相，痛恨公孙衍，派人谋杀魏襄王嬖信的男宠张寿，然后嫁祸于公孙衍。魏襄王下令逮捕公孙衍，公孙衍闻风逃到韩国。公孙衍在韩，竟谋得韩相。

五国合纵伐秦失败，曹商跳出来说服宋康王与秦结盟，因担心宋国安危，已罢相的戴盈进谏宋康王，不可与虎狼之秦结盟，宋康王不听，命戴盈退休。

戴盈进谏失败，已免右师的惠盎心有不甘，也不顾个人安危，去向宋康王进谏，坚决反对宋国与秦结盟。惠盎因谏阻言辞激烈，惹怒了宋康王，结果给自己遭来刖刑，被斩去一足。

在此次五国联军伐秦中，张仪运智斗勇，反败为胜，重获秦惠王信任，秦相一职失而复得。

此后，天下诸侯混战异常激烈，一言不合，即相互攻伐。

楚怀王许诺魏襄王，只要魏国参加由楚国发动的伐齐存燕，就愿把以前伐魏所取八城的六城还给魏国。魏相田文反对伐齐存燕，成陵君当即指责田文吃里爬外，损魏私齐。魏襄王随罢免田文，改命成陵君为相，加入伐齐存燕行列。

作为客卿，惠施向魏襄王主动请求出使赵国，联络伐齐存燕。

使赵联络，惠施到底凭自己的雄辩之才，说服赵王加入伐齐存燕。完成使命，返回大梁复命，惠施高兴之下，就将自己主动请缨出使赵国的经过写信告知了庄周。

庄周回信说："'非攻'之人，驱前奔突，仁义何存？"

许是有感于庄周来信的中肯批评，之后，惠施再不在魏干那些出风头的事了，干脆告老退位。

惠施闲居，在大梁家中潜心钻研学术。

九年以后，即在欲吞天下的秦国暂时与中原诸侯休兵之际，惠施在大梁公布了他潜心钻研所得的学术成果——名学总纲"历物十事"，由此开创墨家名学，名传天下。

中国人一向讲究叶落归根，七十七岁时，惠施离魏归宋。不居家乡商丘，直接迁往蒙邑，与庄周比邻而居。

上了年纪，庄周垂钓的雅兴依然很浓。有一年的春末，庄周去濮水垂钓，岂料中途变天，一时避雨不及，庄周被淋成了落汤鸡，拖拉着已显老态的步子赶回家，因长时间受凉，庄周一到家就发起高烧，在老伴的悉心照料下，将养了四五日，这才摆脱感冒的折磨。

从这以后，只要见到庄周扛鱼竿出门，老伴就不依，说："一把老骨头了，可能折腾得起了，还癫？"

老伴说庄周癫，除了是指庄周人老了行动不便，还含有批评庄周不顾年龄犯轻狂。

尽管明白老伴话里的意思，庄周还是想去濮水过一把垂钓的瘾，为了展现自己身体结实，庄周伸胳膊踢腿，蹦跶了又蹦跶，说："此一时彼一时呀。"笑嘻嘻地求老伴放自己出门。

　　老伴坚决不依，说："你是骨头痒了吧，看把你狂的，你愿动弹，那就帮我干活，灶口正缺柴，你给家里拾柴去。"

　　听此言，庄周呵呵笑了。

　　老伴一向百依百顺，对自己不管不问，难得她今天张口求自己什么，索性放下鱼竿，依言"出取薪"。出门时，庄周不觉伸手弹了一下耳朵，笑眯眯地走了。

　　来到野外一处荒坡上，庄周挥刀砍下一根荆条，举在手里，正言道："执道者，周也。"

　　庄周发此感慨，实为表达一以贯之的道学。岂不知，大哲学家的思维异于常人。在他弹耳朵时，其思维已化入哲思。孔子曰："六十而耳顺。"庄周早已是耳顺之年，执意要出门垂钓，老伴赶紧站出来阻止，这充分体现老伴对他庄周的爱护。

　　庄周不无慰藉地在心里感慨：老伴这般疼惜自己，自己还有什么好强求的呢？何况，去濮水垂钓，原本又不是什么大不了的事。她叫自己拾柴，自己立刻做出响应，这恰好表现出自己作为道家之人的豁达之性，顺时应景，依照当前形势行事。

　　日积劳累，老伴的身体每况愈下，健康一年不如一年。家里出现这样的状况，庄周自觉承担起老伴日常所做的家务活。其中，拾柴就是庄周时常要干的活计。

　　一个晴朗的冬日，庄周正在野外拾柴，忽听有人老远在喊他，且一声比一声喊得急切。手搭凉棚望去，庄周才看到朝他跑来的是一直跟他学道而不肯离去的蔺且。

蔺且平日里比较斯文,这会儿咋毛毛躁躁的,像被狗追着似的,跑得那么慌急。

看到蔺且这样,庄周的第一个反应,就是以为又起战祸,殃及家门了。

等到蔺且气喘吁吁跑到近前,庄周才看清蔺且的一脸哭丧相。

"咋啦?"庄周看定蔺且,追问道。

蔺且双膝跪地,冲庄周连连叩首,泣不成声:

"师母她,师母……"

庄周倒抽一口冷气,不由打起哆嗦来。

"你师母究竟怎样了?"庄周追问。

"……返真了。"憋了半晌,蔺且哽咽道。

返真即为死,这是道家对死亡的称呼。

老伴卧病,一日歹似一日,这会子蔺且眼巴巴地跑来单提师母,不用挑明,庄周就已判断长相厮守的老伴阳寿已尽,离他而去了。

放下手中的柴,庄周仰天叹息了一声,眼角不觉滚出两行老泪。

自己虽是得道之人,但相依为命的老伴倏忽而殁,出于本能,庄周难免内心刺痛。这刺痛,犹如剜心割肉,由不得他不流露哀伤之态。

待情绪缓和下来,庄周自劝似的对伏地饮泣的蔺且说:"死生命也,其有夜旦之常。"

说罢,庄周伸手将匍匐在地的蔺且扶起,语重心长地说:"节哀,节哀。"

半个时辰后,蔺且背着柴,庄周挂杖,师徒二人一前一后往家赶。

　　进庄后，能望到自家门时，庄周一眼便瞅见正门上方的屋顶上扔着一件褐衣。这是表示家里死人了。蒙邑乡俗，成年人死后，门厅的屋顶上要扔上一件死者生前穿过的上衣。看到这一幕，庄周犹如被兜头浇了一盆冷水，身心反应剧烈异常。尽管对蔺且的道白，庄周是听信的，不过正如俚语常说的，耳听为虚，眼见为实。当下，见到屋顶上扔着象征死人的衣裳，恰好起到了对蔺且道白的印证。瞅着这屋顶上的衣裳，庄周一时五内俱焚。痛楚中，庄周紧闭双目，拄杖立住不动。倘若以为庄周是在克制自己的情绪，那就大错特错。殊不知，此刻，庄周内心正泛起情感的狂涛巨澜，全是有关恩爱的。人说，夫妻是阴阳两面的结合体。如今，这合起来的另一面不期然辞世而去，势必如塌方一样震动着庄周。倘若夫妻情分淡薄，或是彼此没有依赖感，面对妻亡，定然不会在庄周心理上造成翻江倒海似的空前劫难之感。确切而言，庄妻忽然谢世，庄周一下子就觉得身后空了。

　　有关夫妻恩爱，庄周曾有精妙的论断："相濡以沫，不如相忘于江湖。"说是这么说，庄妻如今倏忽亡故，有关妻的点点滴滴的充满人间烟火的亲和往事便纷至沓来，在庄周的脑筋上盘桓不去，演绎着贫穷夫妻一生唯愿"执子之手，与子偕老"。"死生契阔，与子成说"无时无刻不在倾诉着一对贫穷夫妻一生相互呵护、死生难离的旷世深情。

　　"相忘于江湖"是庄周对爱情提出的理想境界，如同庄周倡导人活于世要有所作为，便推道家鼻祖老子的"无为"。因为，只有像四时一样做到"无为"，方能无所不为。

说到底，因为贫穷，在生活中，庄周一生都是与自己的妻相濡以沫。至于"相忘于江湖"的爱情境界，庄周恐怕只有在妻死后到物化的世界里去追寻了。

人生飘忽百年内，妻在，尚有温暖。妻去，情何以堪？

"咳——"

蔺且见庄周在后面拄杖呆立，随有意咳嗽提醒老师。

但此时，庄周耽于幻觉里，精神是极度的恍惚，因而对蔺且的催促不作反应。

寒风潦草，迎面扫过，恐怕是亡妻依托灵魂给庄周的绝笔信吧。

平心而论，庄妻是好妻。好到什么程度？在庄周眼里，恐怕用贤惠、勤快、能干、古道热肠等人间至极的声誉，都难以涵盖自己妻子的内在品性。因为，作为一介书生，庄周每日除了耽于经文史集，就是一个人悄悄地躲在僻静处沉湎于那种思接千古万载的遐想。读书或是遐想到兴奋处，庄周可以整日茶饭不思，任由精神驰骋天地，磅礴万物。至于稼穑，至于衣食，庄周向来是潦草从事。甚而至于家中屋漏，庄周依然安之若素，全然不顾。逢着雨天，室内器物尽皆被漏雨浸蚀，作为一家之主，庄周也是一笑置之。但在精神的国度里，庄周无时不浩气荡荡，自有大丈夫那种势如鲲鹏"水击三千里，抟扶摇而上者九万里"之气度。这么一种不食人间烟火、近乎游手好闲的狂徒，若要在世上存活，而且活出个样儿来，那就只有靠着家人来照料。在庄周，则完全依靠庄妻。是庄妻的贤良包容他，心疼他，成全他。庄妻之于庄周，犹水之于鱼也。没有庄妻这位善于过穷日子的好手，庄周何以能打理好自己的生活？正言之，正是有庄妻的任劳任怨默默付出，庄周才能安安稳稳地随心"逍遥"、穷理

248

"齐物"，求高追远，推演天下之至文。

日复一日，年复一年照顾这样一位书呆气十足的丈夫，庄妻不是没有怨气怨言。然庄妻是宋人。宋地之人，一向是心性平和。宋人的夫妻讲究夫唱妇随。因为地缘，因为域化，因为根深蒂固的礼教使然，庄妻顾大体识大局，认为自己既然嫁给了那么一位任性之至的人，那也只好依从他，照料他，像哺乳期的母亲照顾婴孩，情愿付出自己的全部体能与心血。

不过呢，同这样的一位丈夫一起生活，庄妻从没感受过约束以及来自夫权的压迫。在庄家，掌管家庭主权的是庄妻。而庄周呢，吃粮不问事，乐得每日逍遥。而庄妻，身处其苦，却不知疲累，日日为家庭为子女，为丈夫操不完的心。不过，在付出的同时，庄妻能赢得家人的敬重。日子虽穷，但倒过得充实，活得自在。近朱者赤，近墨者黑。同庄周生活时间长了，在潜移默化中，庄妻不知不觉就沾染上庄周的气性，为人平易，但是骨傲。凡事看得淡，也看得开。因日日耳濡目染，庄妻明白庄周所从事的研究，是事关天地万物的法则，明白庄周一生所孜孜以求的，无非是从自然出发，从心所欲，放逐心性，恢复人的本真之性体。体悟了这一朴素的道理之后，庄妻在与社会交往与人接触中，有意无意就运用起"道"本之学，为人有分寸，做事有主见。深通有勇气者才会有尊严，有独立思考才会有良知的道理。

无疑，庄妻是庄周存活于人世间的贵人。

如果让庄周评价自己的妻子，恐怕只能用六字形容。这六字就是：善良、干练、干净。

恍惚中，庄周缅怀妻的思情千头万绪。妻一生都在为自己这个不会过日子的人尽情付出，而自己所能给予妻的，就是把那现实生活中所谓的纲常礼教踩在脚下，取夫妻平等之态，视妻为尊，以妻为荣。一世忠贞，心无旁骛，一生专情于妻，是庄周留给爱情的遗世绝响；一世恩情，尽使穷困潦倒的生活，如花似月，诗意充沛。

不知过了多久，庄周在恍惚中缓醒过来，擦去蒙住双目的泪水，眼巴巴地望着自家那屋顶上的褐衣，内心凄风苦雨，灵魂深处汩汩渗出无数的血珠。

扭身，转向，庄周面朝西南而立。

树高千丈，叶落归根。

月是故乡明。

"鸟飞反故乡兮，狐死必首丘。"

然而何处是归程？

荆楚老家被株连摁倒在地，庄家父辈从此飘零无状。

几回回梦里，荆楚的枝头缀满酸甜的柑橘。而杏花春雨，早已在自己思乡的意绪里飘摇成绝世美景。

此时，庄周挺起还算硬朗的腰板，为故乡，为古老的荆楚发出悲凉的叹息。

妻要魂归故土哩，咦哟！

曾几何时，庄周多么迫切地想掏出体内的明月，擦亮郢都的王冠，擦亮老家灰色的屋顶。

我要回去！

庄周无声呐喊。

我要回去！！

庄周望眼欲穿，僵硬的青衫裹起风寒，那是要放逐远归的前兆吗？

　　举目，远眺。返乡的路径云雾缥缈。多少次，故乡荆楚在庄周的梦里草木疯长，鸟语惊心。

　　等情绪过了悲戚难耐的风口，庄周慢慢也就恢复了平静。

　　再次举目望向苍穹，庄周眼底里如偷天换日般阴霾尽扫，一派晴明。庄周深吸了一口气，又深吸了一口气。但见云彩丝丝缕缕，在头顶的上空不停变幻，太阳散发出美丽的光辉，不觉间，庄周仿佛看见死去的妻子正在慢慢扩散，变成缕缕云丝，变成阳光，变成包围自己的空气。

　　过去的有关生死的无尽追问，此时在庄周脑海里如风盘旋。

　　生生死死，像极了旅途中的来来往往，就如同春夏秋冬四时的更替。

　　生命的诞生是因为"天地之委形，天地之委和，天地之委顺"。（天地把形体托付给了你；降生人世并非你所据有，这是天地给予的和顺之气凝积而成，性命也不是你所据有，这也是天地把和顺之气凝聚于你。）

　　"一受其成形，不忘以待尽。"（人一旦禀承天地之气而形成形体，就不能忘掉自身而等待最后的消亡。）

　　蔺且听到庄周口里喃喃有声：

　　"死亡同诞生一样神圣！"

　　"夫大块载我以形，劳我以生，佚我以老，息我以死，故善吾生者乃所以善吾死也。"（天地赋予我形体，是通过我有所寄托，使我成长，是要劳动我的筋骨；使我衰老，是为了让我得到安逸；使我死亡，是为让我休息，得到解脱。天地让我好好地生，就是为了让我好好地死。）

“生生之道不死，被生之物必死！”

“生也死之徒，死也生之始，孰知其纪？人之生，气之聚也；聚则为生，散则为死。若死生为徒，吾又何患！故万物一也，是其所美者为神奇，其所恶者为臭腐，臭腐复化为神奇，神奇复化为臭腐。故曰：‘通天下一气耳。’圣人故贵一。”（生是死的同类，死是生的开始，谁能知道它们的规律？人的诞生，是气的聚合，气的聚合形成生命，气的离散便是死亡。如果死与生是同类相属的，那么对于死亡我又忧患什么呢？所以，万物说到底是同一的。这样，把那些所谓美好的东西看作是神奇，把那些所谓讨厌的东西看作是臭腐，而臭腐的东西可以再转化为神奇，神奇的东西可以再转化为臭腐。所以说：“整个天下只不过同是气罢了。”圣人也因此看重万物同一的特点。）

结合道学义理，庄周进一步深思：所有的存在，所有的“有”，都只是“无”。当世间的一切都放在你的面前，你就什么都没有。因为一切都会在刹那间灭失。不，是变化。一个事物不见了，它会以另外一种形式存在这世间。死或者生、死在哪里都没有分别，把你挂在树上，你会成为鹰的一部分；把你埋在土里，你就会变成蝼蚁，这无关宏旨。

此时此刻，千万年的光阴一如气势贲张的狂风呼啸而来，使庄周刹那间明白了生命的至理：人世间，生生死死，死死生生，生死齐一！

生并不是获得，死也并不是丧失，生并不比死具有更大的意义。倒是死比生更具有回归万物、更新再造的可能，因此更接近于道，由道所任意委托差遣。

是呢，死一直隐藏在生的筋腱里，一如国之利器不肯轻易示人。

通而观之，死去也就意味着得到永生。

想到这里，庄周心情为之大爽，嘴角不觉泛起微笑。目光透亮，闪烁有神。就仿佛，庄周置身事外，淡然地在宇宙的最远处看着自己拷问生死之真义。

回到家里，慌着一团哀哭不已的两个儿子跪启作为父亲的庄周："俺娘亲未时老了……丧事咋办呢？"

"按蒙邑规矩，人家咋办俺咋办。"庄周说。

入乡随俗。活了一把年纪的庄周早有考虑。家人无时不面对宋地乡亲，若以楚地歌舞丧礼作殡葬礼仪，无疑会给家里招来不必要的闲言碎语。

庄周既然发了话，两个儿子心中有了数，便立即行动起来，以宋地的丧葬习俗给母亲治丧。

早在父亲去世时，庄周曾向母亲提及楚地的歌舞丧礼，希望能依照楚地的丧葬习俗，给父亲办一场父亲故乡的歌舞丧礼，但母亲不允，庄周只好以宋地蒙邑的丧葬习俗为父亲治丧。到了母亲下世，庄周有心为母亲办一场楚地的歌舞丧礼，但一想到母亲反对为父亲这样治丧，心知母亲不喜，便老老实实按宋地蒙邑习俗为母亲治丧。

是夜，庄周将游历楚越亲见亲闻的歌舞丧礼说给两个儿子听，听到最后，两个儿子均是一脸迷茫，不说好，也不说不好。在自己说话时，两个儿子自始至终保持沉默，这到底让庄周意识到在灵堂说楚越逸闻趣事，实在是不合时宜。但庄周很想让两个儿子明白"生死齐一"的道理。

"生之来不能却，其去不能止。"庄周向两个儿子说。

"人生天地之间，若白驹过隙，忽然而已。"庄周又说，"汝身非汝有也，是天地之委形也；生者，假借也。"

两个儿子面面相觑。

"生命是我们在这世间暂时借用的一个躯壳，或喜或悲，福厚福薄，总不能改变生命最终消亡的走向。吾与汝，迟早要将自己的生命交还给冥冥中的那个神祇。吾等躯壳所拥有的一切，最终都会像水一样蒸发，像河流一样远踪，像梦一样无可追寻。"

听着父亲的长篇大论，两个儿子未置可否。

为阻止父亲继续说教，长子发话说："爹，时候不早了，你去休息吧。"

两个儿子不理解自己作为哲人的心境，庄周只好闭口不语。

灵堂内寂静无声。

沉默有顷，庄周离开灵堂。

没多大会儿，庄周又返回来了，怀里抱来自己的铺盖卷儿。

"你们的母亲明天入殓，今夜我陪，你们去睡吧。"

宋地蒙邑习俗，长辈死时，做儿子的要守着长明灯彻夜守灵。

父亲的吩咐，两个儿子不做反应，依旧跪在停放母亲尸首的床头守灵。

后来，庄周说："你们的孝心，做母亲的都看到了，不必拘礼。再说，天亮以后，要你俩办的事有很多，彻夜这么守着，明天你俩哪还有精神头忙乎。赶紧睡去吧，我来保证，你们母亲的在天之灵不会怪罪你们的。"

这么劝了一通，两个儿子离开了灵堂。但不一会儿，两个儿子各自怀抱自己的铺盖卷儿，又回到了灵堂。

庄周再没有说什么。真是难为了两个儿子的一片孝心。

这一夜，庄家父子三人打地铺，相伴灵床而眠。

睡梦中，庄周看见亡妻踏云而来，其所踏彩云之下，全是顺势汹涌如水般奔腾不息的时间之流。

庄周正纳闷亡妻何以能够浮在时间之流之上，却听见亡妻冲自己发话，满是祈求的神情。

"庄周，你许我的楚地歌舞呢？"

反反复复，亡妻只追问这么一句话。天亮时醒来，亡妻的这句问话，依然萦绕于庄周耳畔，缠磨着庄周的心智。

亡妻伴随自己尘埃似的苟活了一生，死后反倒要求楚地的歌舞丧礼，她这是要追求张致吗？

扪心叩问时，庄周蓦然明白了伴随亡妻而来的时间之流，乃为生命飘零之后的死亡之流。

生之来不可喜，死亦不可悲嘛。非但不可悲，而且很壮观的哟。

哎嗨——

生命滔滔；

死亡涌流。

非生即死，非死即生。人生于世，注定了选择这样一种方式透视生的温馨与寂灭的灿烂，也就注定了面对百年孤独的心事。

行行啊重行行，生命途中，滔滔是不绝的死亡涌流。

沉吟之际，庄周只觉一股清爽之气冲灌灵府。亡妻殷切恳求在自己的丧礼上要有楚地歌舞，这岂不正是亡妻的在天之灵参悟了道，懂得了死去即新生的道理？

"是呢，是呢，对于死去后的新生应该有歌舞祝贺！"庄周在心里铿锵有声。

　　"一悟通天，吾妻不愧是吾妻！"庄周在心里欢呼。

　　"人活着时，难能企及道，因为人有知觉、有形状、有质量。只有死去才可以。"庄周为妻升遐之后的脱胎换骨兴奋不已。

　　亡妻托梦言及的喜欢楚地歌舞丧礼的愿望，庄周没有告诉两个儿子。也没有告诉其他人。但是早餐过后，庄周在亡妻的灵床前，摆上干净的瓦缶，慨而慷，慷而慨情义殷殷地击缶而歌。

　　庄周特立独行，如此缅怀亡妻，弟子蔺且只有钦佩的份。

　　两个儿子尊重父亲，任由父亲在灵堂击缶而歌。

　　善解人意的大儿媳，担心老公公大冷天坐地上受凉，端来蒲团恭送给庄周。

　　惠施得知庄周的妻子去世了，前来吊唁，未进庄家门，就听屋内有人击缶而歌。

　　惠施听得真切，其歌曰：

生之来不能止

其去不能止

生死本有命

气形变化中

天地如巨室

歌哭作大通

　　惠施走进灵堂，只见庄周岔开两腿，像个簸箕似的坐在蒲团上，手中拿着一截木棒，面前放着一只瓦缶。庄周就用那截木棒一边有节奏地敲着瓦缶，一边唱着歌。

看到这种情景，惠施大为惊讶。他先是发愣，继而渐渐生出不满，最后愤愤不平了。惠施实在看不下去，便怒气冲冲地走到庄周面前，大声质问庄周："庄周！尊夫人跟你一起生活了一辈子，为你养育子女，操持家务。据我所知，她成天为你这个家累死累活的，如今她衰老了，不幸去世了，你不难过、不伤心、不流泪倒也罢了，竟然还要敲着瓦缶唱歌！你不觉得这样做太过分了吗！"

庄周略略抬头看了惠施一眼，平静地说："妻子刚死的时候我怎能不悲哀呢？可是后来想了想，也就不悲哀了。"说罢，庄周依旧击缶、唱歌。

惠施忍不住了："庄周，真没见过你这样的，妻子死了你反倒高兴上了。"

庄周："方生方死。方死方生。此乃生死之理。"

惠施仍愤愤不平，质问道："生死之理又如何？"

"吾妻以死谢世，她从此再也不会有穷苦和疼痛，这是她的归宿，人人都将面临这样一个归宿，包括你我。"

说着，庄周抬头用目光跟惠施交流。

惠施不置可否。

庄周说道："吾妻死去，反倒让我想到生命的本源。这么给你说吧，因为想当初我的妻子本来就是没有生命的，不但没有生命，而且连形体也没有，不但没有形体，而且连气息也没有。后来恍惚间出现了气息，由气息渐渐地产生了形体，由形体渐渐地产生了生命。现在她死了，又由有生命的东西变成了无生命的东西，之后形体也会消散，气息也会泯灭，她将完全恢复到原先的样子。这样看来，人生人死就像是春夏秋冬四季交替一样，循环往复，无有穷尽。我的妻子死了，也正是沿着这一循环的道路，从一无所有的大房子中走出，又回归到她原来一无所有的大房子里面休息，而我却要在这里为此号啕大哭，这难道是懂得大自然循环往复的道理吗？窃以为这是不通达命运的安排，故止哀而歌了。"

听庄周说完，惠施拱手谦让，任凭庄周尽情为亡妻击缶而歌。

三、天下奇书

公元前 300 年，墨子之徒、名学始祖惠施死了，享年八十一岁。平心定论，惠施的一生功大于过。因为战国诸侯混战，官场险象环生，稍有不慎，就有性命之忧，即便如此，惠施混迹官场，虽然热衷功名，人在其位，思谋其政，违心的事肯定没有少干，但在血性里，他还是能遵奉墨家规矩，积善弘德，一生多有君子之风。遗著《惠子》。

惠施去世时，庄周行年七十。虽然对契友的死，庄周看得很开，但生活中缺了能够与自己论辩的对手，庄周难免孤寂落寞。

一日，庄周翻阅惠施遗著《惠子》，读完掩卷沉思，感觉《惠子》一书离探源人生的真精神方面语焉未详。非但语焉未详，而且不着边际。通观现今流传的书，无非是大谈仁义礼乐，或者倡导钻营专权之否术，或者纵横权术，或者辩论坚白同异，全无关涉人之生命、精神本真。

而自己所学所倡导的，除了关乎人之生命、精神本真，还是关乎人之生命、精神本真。《归藏》《老子》《文子》传播伏羲泰道于天下，文辞博大精深，言简意赅。尤其是《老子》，微言大义，洞察睿敏，但

庄子
传

好比大树,干枝历历在目,悉数可见。神会之际,庄周除了意犹未尽,总觉得应该加以丰满才够味。

惠施立言传名学于天下,难道我作为一个学道后继者,就不能有所作为吗?

突然有一天,庄周觉得他应该将自己对道学的理解,对道学的体验写出来,以昭之天下,弘扬道学,使之发扬光大。

我作为一位用毕生精力钻研道学的人,何不学惠施"狂放其言",以倡道本之学呢?

何况自己年已老迈,年岁不饶人哩。

就这么,庄周产生了要在古稀之年,将自己一生所学所悟倾注于笔端的愿望。

自此之后,庄周对伴随自己一生的道学陷入了沉思:

> 道的本体静寞无形,变化无常,死死生生,与天地并存,与神明同往!茫茫然不知何往,匆匆然不知何去,包罗万物,而道本身却是无须归宿的,古代道术有这方面的内涵。自己对此深有体会,也很是喜爱。

然,如何将自己所学所悟展示出来呢?

经过反复思索酝酿,庄周给自己设下了立言行文的总格局。

> 以虚远不可捉摸的理论,广大不可测度的言论,不着边际的言辞,放纵而不拘执,不持一端之见。认为天下沉浊,不能讲庄重的话,以危言肆意推衍,以重言体现真实,以寓言阐发道理。独自与天地精神往来而不傲视万物,不拘泥于是非,与世俗相处。

书体尽可奇伟、婉转、随和，言辞要变化多端奇异可观。内容充实而思想奔放，上与造物者同游，下与忘却死生不分终始的人为友。论述道的根本，能博大而通达，深广而畅达；论述道的宗旨，和谐妥帖而上达天意。然而，在对于事物变化的反应与解释方面，道理其实是没有止境的，始终不离大道的根本，在茫昧恍惚之中，永远无法穷尽其中的奥妙。

定下了总体思路，等蔺且从蒙邑帮他买来了一匹帛，庄周即乘兴开笔，工工整整在展开的帛上写下题目：

逍遥游。

略一沉思，庄周开笔写道：

"北冥有鱼，其名为鲲。鲲之大，不知其几千里也。化而为鸟，其名为鹏，鹏之背，不知其几千里也；怒而飞，其翼若垂天之云。是鸟也，海运则将徙于南冥。南冥者，天池也。

《齐谐》者，志怪者也。《谐》之言曰：'鹏之徙于南冥也，水击三千里，抟扶摇而上者九万里。去以六月息者也。'野马也，尘埃也，生物之以息相吹也。天之苍苍，其正色邪？其远而无所至极邪？其视下也，亦若是则已矣。"

一旁的蔺且，看庄周如此开篇，只觉得神奇壮观极了，不禁意气浩荡，游目骋怀。

此时，蔺且为庄周所能做的，就是磨墨。

蔺且边磨墨边看老师挥洒行文。

一个月之后,《逍遥游》在庄周手里定稿。

蔺且捧着定稿的《逍遥游》,犹如捧着稀世珍宝,无比稀罕。

反复揣摩学习《逍遥游》之后,蔺且心怀虔诚,向老师庄周说:"夫子言意覆天盖地,声色充斥,文气浩荡雄极矣。"

庄周:"言过其实矣。我不过直抒胸臆,写下体会而已。"

蔺且:"夫子之逍遥妙在境界。"

庄周:"说来听听。"

蔺且侃侃而谈。

我从来就没见到过,有谁能像夫子这样行文,语言如此奇伟,如此怪谲。意象冠绝天地,想象超群拔俗。

夫子笔下之鲲鱼,不知有几千里之大,化而为鹏,鹏之背不知有几千里,振翅奋飞,它的翅膀就像遮天蔽日的云彩垂挂天边,鲲鱼化大鹏,大鹏"怒而飞","水击三千里,抟扶摇而上者九万里"。如此气象,何其宏阔!如此气概,超绝人寰!

夫子这样行文的目的,在我看来,乃为了与小的形象进行对比。且看,大的形象除了鲲鹏,还有冥灵、大椿、彭祖,小的形象有芥、蜩、斑鸠、朝菌、蟪蛄、小雀,这一大一小形成的对比可谓鲜明至极。夫子造出如此耸人视听的大小比较,并非为了褒大贬小。——如果说有,当为以小衬大,以平凡衬托大志向而已。如此作比,和下文的宋荣子、列子、至人、神人、圣人能有什么关系呢?夫子荡开去,反而着眼于人世,即由物及人。

"知效一官,行比一乡,德合一君而征一国者"在世人眼里可谓了不起啦,然而,这些所谓的有才者或曰德才兼备者,在夫子眼里,不过就是数仞间跳跃自得自满的小鸟,因而受到宋荣子的嘲笑。读到此处,我总算看出了夫子行文的一点机锋。为什么这么说呢?

"而宋荣子犹然笑之。且举世而誉之而不加劝,举世而非之而不加沮,定乎内外之分,辩乎荣辱之境,斯已矣。彼其于世,未数数然也;虽然,犹有未树也。"夫子塑造出这么一位超尘拔俗的人物——宋荣子,他能够做到整个世界都赞誉他,而他也不会因此更加勤勉;整个世界都非议他,而他也不会因此沮丧。他不受外界舆论的束缚,能认定内我与外物的分别,能辨别荣耀与耻辱的界限。然而,此人如此有定力,能力可以说达到了超群的地步,夫子对他仍然不甚满意。一句"犹有未树也",我能感受到夫子强烈的不满意情绪,由此可以看出,宋荣子与夫子心目中的最高做人境界,距离还相当遥远呢。读到这里,我就想,宋荣子这位在世人眼里已经超群绝伦的有深厚修养的人,在夫子眼里都算不了什么,那么,究竟什么样的高人,才能达到令夫子满意的程度呢?为此,夫子列举了一位有功夫的超人列御寇。此君有什么超人的本领呢?夫子说他可以乘风而行,而且轻妙自在地乘风连续多日飞行。然而,这么一位高人,仍然达不到夫子所期望的理想境界。他的局限,在于"有所待"。没有风,他就无法飞行。列御寇虽然功夫了得。但如果丧失他所依靠的外在条件——风,那他就无法展现善飞的本领。行文至此,夫子的理想境界豁然闪现

庄子
传

到我的眼前,此即为"无所待"。

不凭借任何外物,即凭"无所待"达到绝对自由,此即为夫子的最高理想。

亮出绝对自由这一深藏不露的内核,夫子顺势写下:

"若夫乘天地之正,而御六气之辩,以游无穷者,彼且恶乎待哉!"(如果顺着自然的规律,把握"阴、阳、风、雨、晦、明"六气的变化,以游于无穷的境遇,那还有什么必须依待的呢!)

自此,伏羲泰道訇然水落石出。取张就势,可谓铺排自然。

这几句话,当为夫子在全篇设置的文眼,系支撑全文的支点。也为铺展全文的总纲。

正因为读到这几句话,我才弄明白了夫子为何要连篇累牍,不厌其烦地进行对比的意图了。大与小对比,宋荣子漠视毁誉,与"德合一君而征一国者"对比,列御寇乘风而行,与徒步者对比,结果均呈现出相对自由。如此一步步加以引申,境界一步步升华腾跃,然其所呈现出的结果如出一辙。这当然难能达到夫子的最高理想境界。因为,不管人世间的物也好,人也好,统统受制于"有所待"。

那么,人世间可否存在"无所待"的境界呢?

可否有呢?

这一撼人心魄的问题,自然而然就摆到了夫子的笔下。

取水到渠成之势,夫子掷地有声,肯定而响亮地推出:

"至人无己,神人无功,圣人无名。"（至人无一己之私念,神人不追求有功,圣人不追求有名。）

　　人生碌碌,大都奔着"功名"二字奋不顾身。为一己之私,有德者讲究生财或求取功名时取之有道,凭借本领获取所需。无德者腹黑,为一己之私,坑蒙拐骗,偷抢扒拿,诸如此类,无所不用其极。

　　人世间的凡夫俗子全都追求一己之私,无人能够做到"无己"。面对如此势利之世,夫子觉得有必要教化人类,警醒人类修道,哪怕是浅薄地修德、修心也行啊。所以夫子勇敢树立道德标杆,以恢宏的气势,以"厚德载物"的雅量,向越来越世俗化的人类殷勤而豪迈地大声疾呼:"至人无己,神人无功,圣人无名。"

　　"至人""神人""圣人",全为理想化的人物。

　　那么,人世间有没有存在过,或曰出现过"至人""神人""圣人"这一类理想化的人物呢?

　　夫子宅心仁厚,立刻给予了肯定的答案。

　　尧让天下于许由,曰:"日月出矣,而爝火不息;其于光也,不亦难乎! 时雨降矣,而犹浸灌;其于泽也,不亦劳乎? 夫子立,而天下治,而我犹尸之,吾自视缺然,请致天下。"

　　许由曰:"子治天下,天下既已治也。而我犹代子,吾将为名乎? 名者,实之宾也。吾将为宾乎? 鹪鹩巢于深林,不过一枝;偃鼠饮河,不过满腹。归休乎君,予无所用天下为! 庖人虽不治庖,尸祝不越樽俎而代之矣。"（尧要把天下让给许由,说:"日月出来了,而火把还不熄灭,在日月照耀下要现出火把的光来,不是很难吗!及时雨普降了,还在进行灌溉,这对于润泽禾苗,岂不是徒劳吗!先生您在位,定会把天下治理得很好,而我还占着这个位子,我自己觉得很惭愧,请允许我把天下交给你吧。"

许由说:"您治理天下,天下已经安定了,我若再来代替您,我将为着名吗?名乃从属于实的,我为着求取从属的东西吗?鹪鹩在森林里筑巢,所占不过一根树枝;偃鼠到大河里喝水,所需不过喝饱肚子。您还是打消念头回去吧,我要天下没有什么用的。即使厨师不下厨,掌祭典的人也决不能越位代替他做。")

尧诚心诚意要把天下让给许由,许由并不为之心动,找来一堆理由婉言予以推辞,由此可见,许由已达到夫子所理想的至人境界。

世上有至人存在,那么圣人与神人有没有呢?

夫子仍然给予了肯定的答案。

肩吾问于连叔曰:"吾闻言于接舆,大而无当,往而不返。吾惊怖其言。犹河汉而无极也;大有迳庭,不近人情焉。"

连叔曰:"其言谓何哉?"

曰:"'藐姑射之山,有神人居焉。肌肤若冰雪,淖约若处子;不食五谷,吸风饮露;乘云气,御飞龙,而游乎四海之外。其神凝,使物不疵疠而年谷熟。'吾以是狂而不信也。"

连叔曰:"然!瞽者无以与乎文章之观,聋者无以与乎钟鼓之声。岂唯形骸有聋盲哉?夫知亦有之!是其言也,犹时女也。之人也，之德也，将磅礴万物以为一，世蕲乎乱，孰弊弊焉以天下为事！之人也，物莫之伤，大浸稽天而不溺，大旱金石流，土山焦而不热。是其尘垢秕糠，将犹陶铸尧舜者也，孰肯以物为事？"

宋人资章甫而适诸越，越人断发文身，无所用之。尧治天下之民，平海内之政，往见四子藐姑射之山，汾水之阳，窅然丧其天下焉。（肩吾问连叔说："我听接舆说话，大而无当，不着边际。他说出去的话不能得到印证，我对他的话感到惊骇，他所说的话就像天上的银河一般漫无边际；大相径庭，不近人情！"

连叔说："他说了些什么呢？"

肩吾说："他说：'遥远的姑射山上，有一神人居住在着。那神人皮肤洁白如同冰雪；姿容同处女一样柔美；不吃五谷，吸清风喝露水；乘着云气，驾驭飞龙，在四海之外遨游。他的精神凝聚，使万物不受灾害，五谷丰登。'我认为这些话是狂妄而不可信的。"

连叔说："当然啦！无法与瞎子同赏文采的美丽，无法与聋子同听钟鼓的乐声。岂止形骸上有聋有瞎吗？心智上也有啊！这个话，好像专门用来说你的。那个神人，他的德行，覆盖万物而包容整个世界，人世喜纷扰，他怎么肯辛辛苦苦地去管世间的俗事呢！他这样的人，没有什么东西可以伤害他，洪水滔天也淹不着他，大旱把金石溶化了，把土地烧焦了，也不会使他觉得热。他扬弃的尘垢秕糠，就可以造出尧、舜来。他哪里肯纷纷扰扰以俗物为自己的事业呢?"

宋国有人到越国贩卖殷冠,越国人头发剃得精光,身上刺着花纹,用不着帽子。作为一代圣君尧,他治理天下的民众,安定海内的政事,他到遥远的姑射山和汾水的北面,拜见四位得道的真人,不禁茫然若失而忘记了自己乃为一国之君。)

夫子这篇妙文,乃为告喻世人,要从"有所待"的俗世,走向"无所待"的绝佳逍遥之境界。亦即人类要怀至人之心,精神冲虚明净,无所羁绊,以游无穷,甚而至于感通万方。

倾心听完蔺且对自己作品的解读,高兴之下,庄周点拨蔺且:"执本归执本,但你一定要跳出来,多想想为师为什么要写这篇文章。"

对于自己的弟子,庄周无时不期望蔺且在学术上能有所建树,在学问上能精益求精。

继《逍遥游》之后,不出三年,庄周相继写出《齐物论》《养生主》《人间世》《德充府》《大宗师》《应帝王》等千古奇文。

四、天德渊静

又过了两年,要写的以及想写的文章全部杀青了,庄周这才长出了一口气,彻底轻松下来。

闲下来,庄周最想出门走访朋友。

可是,与他心气想通的朋友,出于这样或那样的原因,一个个相继作古。

好在孟子反、梓庆、子琴张等少数老人还健在。

闲来无事，庄周常去孟子反、梓庆、子琴张等处走动。孟子反、梓庆、子琴张等人，没事也常到庄周处走动。大家在一块谈谈天，说说地，谈谈养生之道，挺好。

一晃，又是一年过去了。

不久，梓庆无疾而终。

庄周去给梓庆送葬，回去时，庄周对陪护自己的蔺且说："走，看看惠施去。"

师徒二人拐到惠施墓前，只见草已长满惠施的坟墓。微风徐徐吹，草叶轻轻地摆动着。

庄周由蔺且搀扶着，默默伫立在惠施的坟墓前，久久不语。

直至离开，庄周没在惠施墓前说一句话。

搀扶着老态龙钟的庄周往家走，半道上，蔺且说："自惠先生去世以后，夫子每年都不忘来墓地看望惠先生，而每次来，面对惠先生的坟墓，夫子又从不说一句话。"

庄周说："他睡着呢，我说了怕吵醒他。"

庄周一句调侃，把蔺且逗乐了。

庄周清楚，他每次来惠施墓地看望惠施，心里总能获得一些难以言明的安慰，而且能就一些问题在心里与惠施进行一番有趣的争论。

调侃归调侃，之后，庄周用一个故事，给蔺且讲了他为什么念念不忘惠施。

庄周说："过去郢地有个人拿白粉涂一点儿在他自己的鼻尖上，

薄得就像苍蝇的翅膀，让匠石用一把锋利的大斧子把鼻子上的白粉砍去。在场的人看到这种情况，没有不表示担心的，都劝郢人不要瞎胡闹，说这太冒险了，砍削那么一点点白粉，伤了鼻子可不是玩的。可郢人毫不在乎，也不废话，只是冲大家伙儿笑笑，以眼色示意匠石动手。匠石以沉默回应郢人，只见他不慌不忙拿起斧子，在手里轮得呼呼作响，郢人站在那里，若无其事面不改色。猛然间，匠石将手里抡起的斧子对着郢人的鼻子'嗖'的一声劈下去，大家看到一道白光闪过郢人的鼻子，郢人的鼻子完好无损，而上面的白粉已完全除去，见此情景，大家高声叫好，无不对匠石的高超技术赞叹了又赞叹。"

说到这儿，庄周停了停，又说："后来，宋元君听说匠石有'运斤'的绝技，便想见识见识。宋元君派人找来匠石，召见匠石说：'你为我也这么砍一次看看。'匠石说：'我倒是挺擅长摆弄那把斧子，但要有合适的人与我配合才行。'宋元君忙要人去找那个郢人，匠石摆摆手说：'不要去了，他早已死了，没有好搭档配合，我可不敢表演呢。'唉！自从惠先生离开了人世，我也失去了一个好对手呀，再也没人与我相互辩论了！"

公元前 286 年，庄周行将就木，蔺且与弟子们打算厚葬他。

庄周说："我把天地当作棺椁，把日月当作连璧，把星辰当作珠玑，万物都可以成为我的陪葬品。我陪葬的东西难道还不够完备吗？哪里用得着再加上这些东西！"

弟子们说："我们怕乌鸦和老鹰把您吃了。"

庄周说："露在地上将会被乌鸦、老鹰吃掉，深埋地下将会被蝼蛄、蚂蚁吃掉，从乌鸦、老鹰的嘴里夺下来给蝼蛄和蚂蚁，为何如此偏心啊!"

庄周如此处理自己的身后,胸襟如此豁达敞亮,无愧于道统!

生前注重生命,呵护精气神之充实完备。而当一个生命走完了它应有的历程,庄周又能把它看得如此之淡,以无悲无喜的旷达之态处之,这无疑浸透"法天归真"的道学理念。

一代大哲庄子至死以道行事,令人景仰!

庄子令万世景仰!

庄子堪为万世师表!

庄子

传